KU zu den 5 Hauptstücken des Kleinen Katechismus | Ein Arbeitsbuch zu »Denk mal nach ... mit Luther«

Im Auftrag des Rates der Evangelischen Kirche der Union
Herausgegeben von der Kirchenkanzlei der EKU

Erarbeitet von Christian Witting, Ulrike Baumann, Dietmar Gerts und Olaf Trenn
unter Mitarbeit von Marion Gardei und Dr. Reinhard Kirste

Ulrike Baumann

DAS GLAUBENSBEKENNTNIS
... längst ein alter Hut?

2

Originalausgabe

Die Deutsche Bibliothek – CIP-Einheitsaufnahme

KU zu den 5 Hauptstücken des Kleinen Katechismus :
ein Arbeitsbuch zu »Denk mal nach ... mit Luther« /
[im Auftr. des Rates der Evangelischen Kirche der Union hrsg. von
der Kirchenkanzlei der EKU]. – Gütersloh: Gütersloher Verl.-Haus
ISBN 3-579-01798-5

2. Das Glaubensbekenntnis : ... längst ein alter Hut? /
Ulrike Baumann. – 1997

ISBN 3-579-01798-5
© Gütersloher Verlagshaus, Gütersloh 1997

Das Werk einschließlich aller seiner Teile ist urheberrechtlich geschützt. Jede Verwertung außerhalb der
engen Grenzen des Urheberrechtsgesetzes ist ohne Zustimmung des Verlages unzulässig und strafbar.
Das gilt insbesondere für Vervielfältigungen, Übersetzungen, Mikroverfilmungen und die Einspeicherung
und Verarbeitung in elektronischen Systemen.

Umschlaggestaltung: INIT, Bielefeld, unter Verwendung des Bildes Mac Zimmermann
»Heimkehr des verlorenen Sohnes«, 1964 (farbl. verändert)
Satz: Weserdruckerei Rolf Oesselmann GmbH, Stolzenau
Druck und Bindung: PPK – Partner für Print und Kommunikation GmbH, Bielefeld
Gedruckt auf chlorfrei gebleichtem Werkdruckpapier
Printed in Germany

EINFÜHRUNG 7

    Das Glaubensbekenntnis im Leben der Kirche   7
    Das Glaubensbekenntnis in der Konfirmandenarbeit   8

    Theologische Bemerkungen zur Geschichte des Glaubensbekenntnisses und didaktische Hinweise für die folgenden Unterrichtsvorschläge

DAS GLAUBENSBEKENNTNIS

Übung macht den Meister 9

    Auseinandersetzung mit den Stichworten »Glauben üben – im Glauben wachsen« durch ein von der Konfirmandengruppe gestaltetes Wandbild (➜ *Aktion*)
    Ein Gottesdienst zum Thema »Im Glauben wachsen« kann in das Glaubensbekenntnis einführen.
    Anregung zum Gespräch mit jungen Erwachsenen über das Thema »Christsein zwischen Glaube und Gewohnheit«.
    Gottesdienst   11
    Mit jungen Erwachsenen   11

DER ERSTE ARTIKEL

Behütet und bewahrt 12

    Aktualisierung der Aussage »Gott will für die Menschen dasein« durch Bildbetrachtung (➜ *Schwarz-Weiß-Bild*), Rollenspiel und Text-Bild-Plakate in einer Konfirmandengruppe.
    Nachmittag für eine Konfirmandengruppe und ihre Eltern zum Thema »Gott, der Vater – in der Liebe bewahrt«.
    Eine Seniorengruppe denkt über Erfahrungen der Geborgenheit in Gott nach, angeregt durch Bild und Text.
    Hinweise für einen Gottesdienst zu Römer 8 »Nichts soll uns trennen von der Liebe Gottes«.
    Mit Eltern, Konfirmandinnen und Konfirmanden   15
    Mit Senioren   15
    Gottesdienst   15

DER ZWEITE ARTIKEL

Gotteskind und Menschenkind 16

    Angeregt durch Rollenspiele und ein ➜ *Plakat* sollen die Konfirmandinnen und Konfirmanden entdecken, daß sich die Menschwerdung des Gottessohnes heilsam auf unsere menschlichen Beziehungen auswirken kann.

Do it yourself 19

Die Konfirmandinnen und Konfirmanden erschließen sich die Bedeutung von Kreuz und Auferstehung durch den Umgang mit einem hintergründig-provokativen ➜ *Plakat*.

Anhand der Medien Film, Bild und Text setzen sich Jugendliche mit der Frage des Schuldigwerdens im Alltag vor dem Hintergrund der Kreuzigung Jesu auseinander.

Eine Gesprächsreihe für eine Seniorengruppe fragt nach der Bewältigung von individueller und kollektiver Schuld aus christlicher Sicht.

Mit Jugendlichen 22
Mit Senioren 22

DER DRITTE ARTIKEL

Die Verwandlung 23

Konfirmandinnen und Konfirmanden erfahren Gottes Geist als Geist der Erneuerung, Ermutigung und Gemeinschaftsfähigkeit und verleihen dieser Erfahrung ➜ symbolischen Ausdruck.

Gerechtigkeit – Aufgabe für die Gemeinschaft der Heiligen 25

Für Konfirmandinnen und Konfirmanden wird die Gemeinschaft der Heiligen durch die christliche Verantwortung für die eine Welt veranschaulicht; Hinweise für kleinere ➜ ökumenische Projekte.

Jugendliche setzen sich anhand der Basisgemeinden in Lateinamerika mit der Gemeinschaft der Heiligen auseinander.

Mit Jugendlichen 26

Erinnern und nicht vergessen 28

Ein Projekt – durch eine ➜ *Folie* repräsentiert – veranschaulicht die Gemeinschaft der Heiligen als Gruppe von Menschen, die sich bewußt an andere erinnern, die in der Gesellschaft gerne vergessen und verdrängt werden. An diesem Projekt kann sich die gesamte Gemeinde beteiligen.

Ein Predigtbaustein konkretisiert die Rede von der Gemeinschaft der Heiligen.

Mit Erwachsenen 34

Geburtstagsfeier der Kirche 35

Durch die Gestaltung eines ➜ *Pfingstgottesdienstes* erfahren sich die Konfirmandinnen und Konfirmanden selber als einen Teil der kirchlichen Gemeinschaft, die auch kritische Rückfragen zuläßt.

Ein Pfingstgottesdienst 35

Einführung

Das Glaubensbekenntnis im Leben der Kirche

Das Apostolische Glaubensbekenntnis in seiner bis heute überlieferten Gestalt entstand im 8. Jahrhundert nach Christus. Bei diesem Text handelt es sich um eine Erweiterung des Symbolum Romanum aus dem 2. Jahrhundert, einem altkirchlichen Taufbekenntnis, das bereits den triadischen Aufbau zeigt. Schon dieses Romanum trug den Namen »Apostolisches Glaubensbekenntnis«, denn einer Legende zufolge soll es durch die zwölf Apostel verfaßt worden sein.[1] Wie vergleichbare altkirchliche Bekenntnisse auch, ist das Apostolikum im Zusammenhang des sich entwickelnden Katechumenenunterrichts entstanden. Der Wunsch, getauft zu werden, wurde zum Anlaß genommen, die Katechumenen zuvor in den Grundlagen des Glaubens zu unterweisen. Sie wurden »Katechumenen«, d.h. »zu Unterweisende«. Dazu werden bevorzugt die Glaubensbekenntnisse herangezogen, weil man mit ihrer Hilfe die wesentlichen Grundlagen des Glaubens zu erfassen hoffte.

Die Reformation vermochte das Apostolische Glaubensbekenntnis nahtlos in ihre Theologie zu integrieren und in den katechetischen Gesamtstoff einzubinden. Die Weichen für den heutigen Gebrauch des Glaubensbekenntnisses wurden in der preußischen Agendenreform von 1824 gestellt. Wohl auch wegen seiner allgemeinen Bekanntheit durch den Katechismusunterricht wurde das Apostolikum hier in die Agende übernommen. Teilweise war diese Übernahme aber auch ein kirchenpolitischer Schachzug im Rahmen der Bemühungen um die Kirchenunion in Preußen. Deshalb verwundert es nicht, daß es zu theologischen Auseinandersetzungen kam, die gegen Ende des 19. Jahrhunderts im sog. »Apostolikumstreit« gipfelten. Einerseits ging es in diesem Streit um die Frage, ob das Apostolikum verpflichtend im Gottesdienst verwendet werden sollte, was manche als zwanghaft empfanden. Andererseits standen einzelne Inhalte zur Diskussion, die für neuzeitliche Christen fragwürdig geworden waren, etwa die Aussage der Jungfrauengeburt.[2] Das Credo sollte sich trotz aller Auseinandersetzungen behaupten, allein schon wegen seiner fortdauernden agendarischen Verwendung. Mit Blick auf die Konfirmationspraxis wurde in der Folge dieses Streits immerhin das Bedürfnis anerkannt, agendarische Formulierungen zu finden, die dem Alter der Konfirmandinnen und Konfirmanden Rechnung trugen. Diese sollten zugleich dem Mißverständnis wehren, als könne ihnen das Gaubensbekenntnis im Sinne einer gesetzlichen Bindung abgefordert werden. Vielmehr wurde durch Zusätze zum Apostolikum zum Ausdruck gebracht, daß sich die Jugendlichen, wenn sie es sprechen, in die Tradition der kirchlichen Gemeinschaft und ihrer Glaubensgrundlagen stellen.

Eine weitere Festigung des gottesdienstlichen Gebrauchs brachte die Zeit der Auseinandersetzung mit der nationalsozialistischen Ideologie. Unter den Deutschen Christen waren neue Glaubensbekenntnisse entstanden, die kaum noch christliche Züge trugen, etwa das sog. »Deutschapostolikum« mit seinem Bekenntnis zum »Gott der Deutschreligion« oder das »Glaubensbekenntnis Deutscher Christen«.[3] Die Bekennende Kirche sah sich gezwungen, den christlichen Glauben, mit dem die Verkündigung steht und fällt, klar zu artikulieren. Deshalb begründeten die Bekenntnisgemeinden in dieser Zeit die bis heute fortdauernde Tradition, das Apostolische Glaubensbekenntnis im Gottesdienst laut mitzusprechen. Dies stärkte erneut die Stellung des Apostolikums. Zugleich trat mit der Barmer Theologischen Erklärung von 1934 eine weitere kirchliche Bekenntnisschrift an seine Seite.[4]

Der volkskirchliche Gebrauch des Glaubensbekenntnisses heute läßt den bekennenden Charakter des Kirchenkampfes nicht mehr erkennen. *M. Mezger* etwa konnte nur noch beobachten, daß es im Gottesdienst »in leidlicher Gleichmäßigkeit der Rede aufgesagt wird ...«[5] Das Apostolikum scheint zu einem liturgischen Allgemeingut geworden zu sein, dessen Einzelaussagen kaum noch leidenschaftliche Diskussionen hervorrufen. Vielmehr wurde in den letzten zwanzig Jahren stärker über die Rechtmäßigkeit neuer Credoformulierungen diskutiert, die im Zusammenhang mit den »Gottesdiensten in neuer Gestalt« aufkamen. Mehrere Landeskirchen haben neue Credotexte als Ergänzungen des alten zugelassen. Fast alle diese Texte sind aber in Aufbau und Stil vom Apostolikum abhängig.

1971 einigten sich die katholische und evangelische Kirche auf eine gemeinsame deutsche Fassung des Apostolikums, die sich nur durch den Passus »katholische Kirche« unterscheidet. Dies war in ökumenischer Hinsicht ein Fortschritt. Eine gemeinsam anerkannte neue Credofassung, die nicht in Konkurrenz zum Apostolikum steht, gibt es allerdings bis heute nicht. Das einzig wirklich ökumenische Glaubensbekenntnis stellt das Nicäno-Konstantinopolitanische Credo aus dem Jahr 381 dar, das vorrangig auch von den orthodoxen Kirchen verwendet wird.

Das Apostolische Glaubensbekenntnis bleibt vorbildlich für die elementare Darstellung des christlichen Glaubens an den dreieinigen Gott. Aber der Glaube ist immer größer als das Bekenntnis, das ihn bezeugt. Das wird auch am Apostolikum deutlich, in dem wichtige Aussagen über die Verkündigung Jesu, über die Eucharistie und die christliche Ethik fehlen. Deshalb bedarf das Apostolikum heute nicht nur der intensivierten Auslegung, sondern auch der Ergänzung durch neuere Credoformulierungen.

---

1 **Vgl. TRE Band 3,** S. 538.
2 **Vgl. A.a.O.,** S. 560-562.
3 **Vgl. TRE Band 13,** S. 433-434.
4 **Vgl. TRE Band 3,** S. 562.
5 **Zit. Manfred Mezger, Die Amtshandlungen der Kirche,** München 1963, S. 239, In: A.a.O. S. 567.

Das Glaubensbekenntnis in der Konfirmandenarbeit

Die Aufgabe der Interpretation und Neuformulierung wird heute besonders dringlich, wenn wir das Glaubensbekenntnis im Blick auf Konfirmandinnen und Konfirmanden betrachten. Der Gebrauch des Credo im Gottesdienst der Erwachsenen wird selten beeindrucken. Der Text als solcher wird vielen von ihnen unzugänglich erscheinen, weil er in der Sprache einer vergangenen Zeit und nicht in der eigenen Sprache formuliert worden ist. Manche Jugendliche entwickeln Sperren gegenüber diesem Text, weil er ihnen hauptsächlich als Stoff begegnet, der auswendig gelernt werden soll. Nicht selten geht mit dieser Forderung das Mißverständnis eines quantitativ aufzählbaren Glaubens einher. Andererseits sind Gemeinden, die Kinder taufen, ihnen die Einübung in grundlegende Sachverhalte des christlichen Glaubens und eines ihm entsprechenden Lebens schuldig. Dabei kann der Konfirmandenunterricht nicht mehr voraussetzen, daß die Jugendlichen von vornherein mit den, die sie unterrichten, im Glauben einverstanden sind.

Der Konfirmandenunterricht kann heute das Credo nicht mehr als dogmatischen Lernstoff verordnen. Nur als Hilfe für die Teilnahme am Gottesdienst und in Verbindung mit der Frage nach eigenen Erfahrungen sollte es auswendig gelernt werden. Dabei dürfen allerdings diejenigen Jugendlichen nicht bloßgestellt werden, die solche Gedächtnisleistungen nicht erbringen können. Ebensowenig sinnvoll ist es, das in unserer Kirche nach wie vor am häufigsten verwendete Credo einfach als veralteten Text beiseite zu schieben. Viele Jugendliche wollen für ihr weiteres Leben durchaus noch am Gottesglauben festhalten, aber sie lösen den Gottesbegriff häufig wie eine Restgröße von Jesus Christus und dem Heiligen Geist. In dieser Lage könnte durch die Arbeit am Apostolischen Glaubensbekenntnis verdeutlicht werden, daß Christen an den dreieinigen Gott glauben. Martin Luther hat im Kleinen Katechismus den Glauben allerdings als eine Wahrheit beschrieben, die den einzelnen persönlich angeht, und der Unterricht sollte dem entsprechen. Die Behandlung des Credo sollte so erfolgen, daß es mit dem Leben der Jugendlichen und ihren Fragen verbunden bleibt. Dabei kann es u.U. auch zu den Fragen kommen, was denn Jesus Christus mit Gott zu tun hat, was Gott als Heiliger Geist bedeutet und wie dies alles sich im Leben der Christen auswirkt.

Die Jugendlichen sollten ermutigt werden, das, was sie als eigene Glaubensüberzeugungen gewonnen haben, mit ihren Worten zu formulieren. Erst wenn dabei auch die traditionellen Formeln mit eigenen Worten wiedergegeben werden können, sind sie verstanden und können weiter verwendet werden. Hier wird nicht zum gleichen Zeitpunkt das Gleiche von allen Mitgliedern einer Konfirmandengruppe erwartet werden können. Der Unterricht sollte respektieren, daß Gott mit jedem Menschen seinen besonderen Weg hat. Außerdem gilt es, die Zeit zu respektieren, die jede persönliche Antwort und das Christwerden brauchen, allein »schon um den Sinn der überlieferten Bekenntnisaussagen immer angemessener zu verstehen.«[6]

Die folgenden Unterrichtsvorschläge zum Glaubensbekenntnis wollen dazu helfen, daß die Konfirmandinnen und Konfirmanden nicht mehr ratlos vor den Formeln der Tradition stehen, sondern zu eigenen Aussagen gelangen. Allerdings soll nicht nur distanzierend-intellektualisierend über den Glauben geredet werden. Ziel ist es, mit zentralen Aussagen über den dreieinigen Gott eigene lebendige Erfahrungen zu machen. Damit wird die Hoffnung verbunden, daß die Jugendlichen im Laufe der Zeit zu einer eigenen, verantwortlichen Sprache über diesen Glauben finden.

Das hier gebotene Material orientiert sich nach wie vor an den drei Grundartikeln des Apostolischen Glaubensbekenntnisses. Jeder Artikel wird allerdings nur unter ein oder zwei zentralen Gesichtspunkten verdeutlicht, die durch verschiedene Methoden möglichst vielfältig erschlossen werden sollen. So wird im Zusammenhang des ersten Artikels mit Luther vor allem auf das beschützende, bewahrende und liebende Handeln Gottes verwiesen. Im Zusammenhang des zweiten Glaubensartikels wird die schwierige Frage von Kreuz und Auferstehung aufgegriffen und dabei zur Auseinandersetzung mit Schuldverflechtungen in unserem Alltag angeregt. Der dritte Artikel wird in Form von Anstößen zur Auseinandersetzung mit den durch die Begriffe »Heiliger Geist« und »Gemeinschaft der Heiligen« bezeichneten Wirklichkeiten behandelt. Kleinere Aktionen sollen dazu dienen, die Gemeinschaft der Heiligen für Konfirmandinnen und Konfirmanden im Handeln konkret werden zu lassen. Eingeleitet werden diese Unterrichtsvorschläge durch eine besondere Einheit, in der allgemein mit Konfirmanden und jungen Erwachsenen nach der Relevanz des Glaubens für unser Leben gefragt werden soll. Den Abschluß bildet der Vorschlag für einen Gottesdienst, in dem sich die Konfirmandinnen und Konfirmanden auch mit ihren kritischen Rückfragen als Teil der christlichen Gemeinde erfahren können, die sie in ihr Glaubensbekenntnis hineinnimmt und ihr Wachstum im Glauben begleiten will.

Die einzelnen Elemente dieses Materials sind jeweils als eine inhaltliche Sequenz aufgebaut worden. Untereinander stehen sie allerdings in einer eher losen Verbindung. Sie können daher auch unabhängig vom Glaubensbekenntnis als Elemente anderer thematischer Einheiten Verwendung finden. Von der Zielgruppe her liegt der Schwerpunkt des Materials bei der Konfirmandenarbeit. Die Vorschläge für die Arbeit mit anderen Gruppen der Gemeinde haben den Charakter von Anregungen und Hinweisen.

---

6 Zit. Karl Ernst Nipkow, Bildung als Lebensbegleitung und Erneuerung, Gütersloh 1990, S. 422.

Das Glaubensbekenntnis

Übung macht den Meister

»**Übung macht den Meister**«, lautet ein häufig zitiertes Sprichwort. Es bringt die Erfahrung zum Ausdruck, daß wir uns vieles, was wir lernen, nicht schon durch bloße Einsicht aneignen. Vielfach ist Üben notwendig, wenn eine einmal gewonnene Einsicht wirklich vertraut und lebendig erhalten werden soll.

Martin Luther sagt, daß wir auch unseren Glauben üben können und sollen.(Denk mal nach ..., S. 79) Zunächst erfahren wir im Glauben etwas, was wir uns nicht selber sagen können: daß Gott uns Menschen liebt und daß das Leben jedes einzelnen deshalb seinen Sinn und seinen Wert hat. In diesem Vertrauen auf Gott kann der Mensch den Grund seines Lebens und seine innere Gewißheit finden. Aber wenn diese Gewißheit im Leben eines Menschen lebendig bleiben soll, wird er sie in immer neuen Lebenssituationen erproben müssen; er wird sich also in ihr üben. Das Glaubensbekenntnis kann dazu eine Übungshilfe sein. »Du sollst deinen Glauben daran üben und ein Leben lang daran wachsen«, wie Luther sagt (Denk mal nach ..., S. 79). Das Glaubensbekenntnis drückt zunächst in Worten aus, »was wir von Gott erwarten können« (Denk mal nach ..., S. 79), worauf wir uns also mit unserem Vertrauen auf ihn verlassen. Es stellt eine Kurzfassung dessen dar, was den christlichen Glauben ausmacht. Deshalb sollte ein Christ mit dem Wortlaut dieses Bekenntnisses vertraut sein. Wo es allerdings beim stereotypen Wiederholen des Textes bleibt, kann sein Reiz bald abstumpfen und das Interesse an ihm erlahmen. Leeres Wiederholen hat keinen Lerneffekt mehr, und deshalb muß jede Übung so aufgebaut sein, daß sie einen verlockenden Charakter behält und ein Bedeutungserlebnis einschließt. Das Auswendiglernen des Glaubensbekenntnisses ist kein Selbstzweck, sondern es erleichtert weitreichendere Erfahrungen im Glauben. Die christliche Wahrheit erhält erst ihren vollen Sinn, wenn ich erkenne, daß sie mit mir und meinem Leben zu tun hat. Mich im Glauben zu üben, heißt, ihn mit verschiedenen Situationen meines Lebens in Verbindung zu bringen. Dabei werden die Formen des Übens häufig wechseln, denn ich kann meinen Glauben nicht nur durch Worte, sondern auch durch ein bestimmtes Verhalten bekennen.

Luthers Äußerung »Du sollst deinen Glauben daran üben und ein Leben lang daran wachsen« (Denk mal nach ..., S. 79) bringt das Glaubensbekenntnis mit den Stichworten »Üben« und »Leben« in Verbindung. An diesen Zusammenhang kann der Unterricht anknüpfen. Die Texte auf den Seiten 108 – 109 in »Denk mal nach ...« können helfen, die Übung des Glaubens von bloßer Gewohnheit zu unterscheiden. Den Glauben zu bekennen, bedeutet mehr als die einfache Wiederholung alter Texte, etwa das Nachsprechen des Glaubensbekenntnisses ohne innere Beteiligung. Bekenntnis des Glaubens ist auch mehr als das gewohnheitsmäßige Mitvollziehen christlicher Riten und Bräuche.

Aber sinnvolles Üben ist Erprobung des Gelernten angesichts neuer Herausforderungen. Erst wer den Mut hat, seinen Glauben immer wieder neuen Lebensaufgaben auszusetzen, wird durch solche Übung erfahren, daß der Glaube lebendig bleibt und daß Vertrauen wachsen kann.

MIT KONFIRMANDINNEN UND KONFIRMANDEN

■ **Überblick über die Arbeitsschritte**
1. STUNDE: 1. Was ich kann
2. STUNDE: 2. Was wir tun und was wir lassen
   3. Gewohnheit oder Glaube
   4. Möglichkeiten, den Glauben zu üben

Absicht
Die Konfirmanden und Konfirmandinnen sollen erfahren: Wenn das Sprechen des Glaubensbekenntnisses kein sinnloser Leerlauf bleiben soll, muß Bewährung von Glaubenswahrheiten in immer neuen Lebenssituationen möglich sein. Glauben zu bekennen heißt, ihn den Fragen meines Lebens auszusetzen und darin Vertrauen zu Gott zu üben.

Material
Außer den o. g. Seiten aus »Denk mal nach ... « werden weiterhin benötigt:
■ Papierbögen, die in Form großer Blütenblätter zugeschnitten sind und später zu einer Rosette zusammengesetzt werden können.
■ Eine farbige Papierscheibe, die in die Mitte der Rosette geklebt werden kann.
■ Grüne Papierbögen, die in Form überdimensionaler Gräser zugeschnitten sind.
■ Wasserfarben oder Wachsmalstifte.

Zeit
2 x 90 Minuten

10 | Das Glaubensbekenntnis | Übung macht den Meister

Verlauf

1. STUNDE

1. Was ich kann

Der Unterricht beginnt mit der einführenden Überlegung, weshalb das Üben etwas Sinnvolles sein kann. Dazu stellen die Konfirmandinnen und Konfirmanden sich im Zweiergespräch verschiedene Fähigkeiten vor, die sie besonders gut zu beherrschen meinen (z. B. Skateboard-Fahren, eine Sportart ausüben, ein Instrument spielen etc.). Durch das Gespräch zu zweit ist eher sichergestellt, daß hier ein breites Spektrum am Fähigkeiten genannt wird. Nicht nur die Gymnasiasten sollten mit ihren Qualitäten und Möglichkeiten zum Zuge kommen. Vielleicht kennt der/die Unterrichtende Stärken der Haupt- oder Sonderschüler in seiner/ihrer Gruppe und sollte diese dann gezielt ansprechen. Vom Unterrichtenden können als Anregung für die Partnerarbeit folgende Impulsfragen gestellt werden:
- Denkt einmal darüber nach, was ihr persönlich besonders gut könnt, und stellt diese Fähigkeiten der Gruppe vor.
- Auf welchem Weg seid ihr zu diesen Fähigkeiten gekommen?
- Sicherlich war dazu auch viel Übung notwendig. Wann war dieses Üben langweilig, und wann hat es Spaß gemacht?
- Wie viele Stunden habt ihr wohl beim Training verbracht, bis ihr Erfolge in der Sportart erzielt habt?

Die im Gespräch benannten Fähigkeiten werden nun in Kleingruppenarbeit auf je ein Blütenblatt aus Papier gemalt. Es sollten mindestens vier Blätter bemalt werden. Das untere, besonders gekennzeichnete Segment des Blattes muß dabei für einen späteren Schritt innerhalb der Einheit noch jeweils unbemalt bleiben.

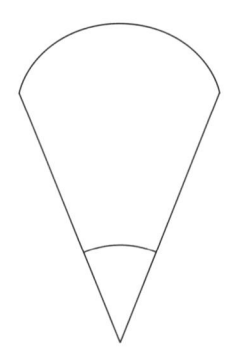

Die fertig bemalten Blätter werden nun auf einen großen Bogen Packpapier zu einer Rosette zusammengeklebt. Ist die Konfirmandengruppe sehr groß, so können auch mehrere Rosetten entstehen. Die Fülle der in der Gruppe vorhandenen Fähigkeiten wird so in ihrer bunten Vielfalt sichtbar. Die fertige Rosette wird im Unterrichtsraum aufgehängt und betrachtet.

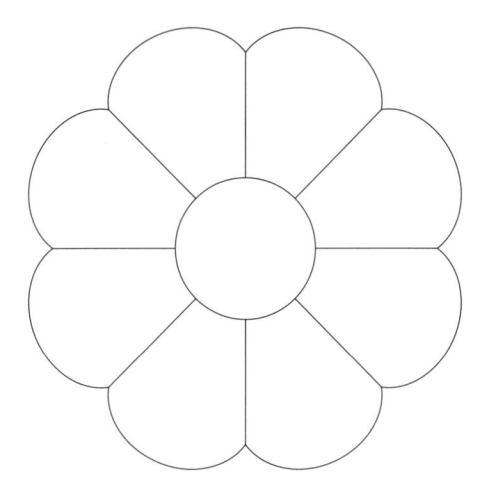

Mit folgendem Impuls leitet der/die Unterrichtende zur zweiten Teileinheit über:
- Martin Luther meint, daß es sich mit dem Glauben ähnlich verhält wie mit den von euch genannten Fähigkeiten. Auch den Glauben sollte man üben.

Nach dieser vom Unterrichtenden vorgenommenen Übertragung auf den theologischen Sachverhalt wird der Comic (Denk mal nach ..., S. 78 – 79) gelesen. Anschließend könnte über folgende Gesichtspunkte gesprochen werden:
- Luthers Verständnis des Glaubensbekenntnisses nach diesem Text.
- Was stellt er sich vor, wenn er sagt: »Du sollst deinen Glauben daran üben und ein Leben lang daran wachsen.«

2. STUNDE

2. Was wir tun, und was wir lassen

Den Konfirmanden sollte deutlich werden, daß die Möglichkeit, im Glauben zu wachsen, oder die Notwendigkeit, den Glauben zu üben, heute auch Christen kaum noch im Bewußtsein ist. Dazu schreibt der/die Unterrichtende folgende Überschrift an die Tafel oder auf eine Wandzeitung: »Was wir am Sonntag tun«. Die Konfirmanden tragen nun Stichworte für Sonntagsaktivitäten zusammen, die sie bei sich selbst oder bei Menschen in ihrer Umgebung beobachten können. Alle Stichworte werden von ihnen selbst auf der Wandzeitung notiert, und abschließend wird die gesamte Tabelle noch einmal vorgelesen.
Es ist zu erwarten, daß die meisten der genannten Aktivitäten sich kaum aus dem christlichen Sinn des Sonntags herleiten lassen. Der Sonntag wird zum Wochenende eingeebnet. Das gibt Anlaß zu einer Diskussion unter folgenden Gesichtspunkten:
- Weshalb entwickeln Menschen heute solche Sonntagsgewohnheiten?
- Der Sonntag ist im Grunde ein christlicher Festtag. Fast alle Menschen in unserer Nähe sind Christen, aber die meisten ihrer Sonntagsaktivitäten haben wenig mit dem Glauben zu tun.

- Wie läßt sich diese Tatsache erklären?
- Welche Fähigkeiten entwickeln wir Christen durch unsere Sonntagsaktivitäten und welche verlieren wir?

3. Gewohnheit oder Glaube

Der/die Unterrichtende schreibt das Fontane-Zitat (»Denk mal nach ...«, S. 108) unter die Stichworte auf der Wandzeitung und wartet zunächst die Reaktion der Gruppe ab. Anschließend kann er/sie folgende Diskussionsimpulse geben:
- Fontane unterscheidet hier zwischen Glaube und Gewohnheit. Worin bestehen eurer Meinung nach die Unterschiede zwischen Glaube und Gewohnheit?
- Das Glaubensbekenntnis ist schon sehr alt, und die Christen haben sich längst daran gewöhnt. Könnt ihr euch Situationen im Leben von Christen vorstellen, in denen das Bekenntnis ihres Glaubens auch mehr bedeuten kann?

Der Brief einer paraguayischen Basisgemeinde an europäische Christen (»Denk mal nach ...«, S. 109) wird gelesen unter folgenden Gesichtspunkten:
- Wer seinen Glauben bekennt, kann nicht bei sich selber bleiben, und wer sich im Glauben üben will, braucht nicht alleine zu bleiben, sondern findet auch andere Gruppen und Partner. Solche Partner können z. B. Christen aus anderen Erdteilen sein.
- Was bedeutet der Glaube für das Leben der Christen dieser Basisgemeinde?
- Inwiefern können sie uns helfen, unseren Glauben zu üben?

4. Möglichkeiten, den Glauben zu üben

Der/die Unterrichtende gibt folgende Impulse:
- Wenn das Bekenntnis des Glaubens nichts als Gewohnheit ist, wird es bald langweilig. Wer aber bereit ist, etwas immer wieder zu üben, hat auch Spaß daran. Könnt ihr euch Übungen des Glaubens vorstellen, die euch Spaß machen würden, allein oder zusammen mit anderen?

Eine farbige Papierscheibe mit der Aufschrift »Glauben üben« wird in die unbemalte Mitte der Rosette geklebt. Es werden Aktivitäten gesammelt, die zum Motto »Glauben üben« passen. Sie werden in Stichworten in der Blütenmitte festgehalten.

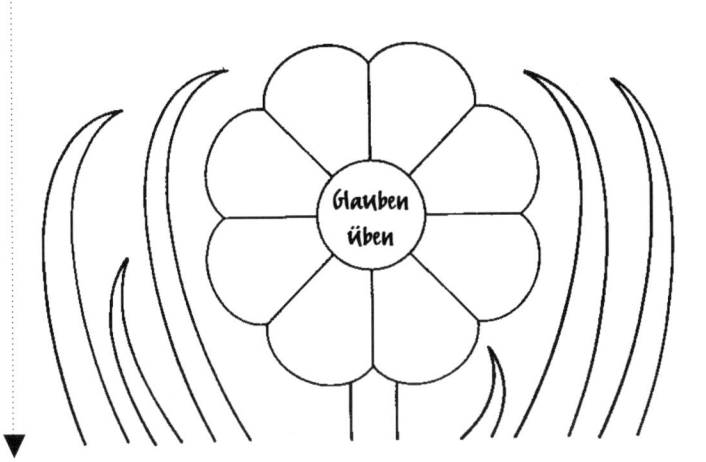

Anschließend werden um die Blüte herum grüne Papiergräser geklebt. Sollten der Gruppe viele Aktivitäten einfallen, können auch die Gräser noch beschriftet werden. Auf diese Weise entsteht eine Wiese mit einer bunten Blume. Sie symbolisiert die in der Gruppe vorhandenen Fähigkeiten und Handlungspotentiale und paßt zugleich zum Stichwort »Im Glauben wachsen«.

FÜR EINEN GOTTESDIENST

Unter dem Thema »Im Glauben wachsen« könnte von der Konfirmandengruppe ein Gottesdienst gestaltet werden, in dem sie sich der Gemeinde vorstellt. Dabei kann die oben beschriebene Wiese gut einbezogen werden. Am Anfang des Gottesdienstes etwa stellen die Konfirmandinnen und Konfirmanden sich mit ihren auf die Blütenblätter gemalten Fähigkeiten vor. Die Blütenmitte, die ja Möglichkeiten festhält, den Glauben zu üben und im Glauben zu wachsen, könnte im Verkündigungsteil wichtig werden.

Vor Beginn des Gottesdienstes schon sollte jeder Besucher eine kleine Blüte aus Papier erhalten, die er beschriften kann. Vor dem Fürbittengebet sollten auf diese Blüten weitere Fähigkeiten geschrieben werden, die man den Konfirmandinnen und Konfirmanden wünscht und die zum Wachstum im Glauben gehören. Diese Blüten werden ebenfalls auf die Wiese geklebt. Die Wünsche können in ein freies Fürbittengebet einbezogen werden.

MIT JUNGEN ERWACHSENEN

Der Glaube und sein Bekenntnis behalten einen Sinn nur, wenn es gelingt, sie mit dem Leben zu verbinden, mit neuen Aufgaben und den mit dem Lebensalter größer werdenden Herausforderungen. Dies kann jungen Erwachsenen deutlich werden, wenn sie an besonderen Wendepunkten ihres Lebens (eigene Taufe, Partnerwahl und Heirat, Taufe eines Kindes) einen größeren Lebensabschnitt überblicken. Vielleicht besteht in einer Gemeinde die Möglichkeit, junge Eltern, die ihr Kind taufen lassen wollen, zu einem Gesprächskreis zusammenzuführen. Gemeinsam könnte man über diese Entscheidung und über die neuen Erziehungsaufgaben sprechen. In diesem Zusammenhang könnte man durch die Diskussion des Textes »Was man so einen Christen nennt«(S. Kierkegaard, »Denk mal nach ...«, S. 192) auf die Ambivalenz von Glaube und Gewohnheit aufmerksam werden.

Ergänzungen – Alternativen – Hinweise

Das Lied »Manchmal kennen wir Gottes Willen ...« (»Denk mal nach ...«, S. 75) kann dazu dienen, über die Grenzen unserer Glaubenskraft zu sprechen, die sich auch durch Übung nicht grenzenlos steigern läßt. Wir sind darauf angewiesen, daß Gott selber die Kraft unseres Glaubens stärkt.

Der erste Artikel

Behütet und bewahrt

treu werden, glauben Juden wie Christen. So hält Luther in seiner Erklärung zum ersten Artikel des Glaubensbekenntnisses (»Denk mal nach ...«, S. 83) fest, in wie vielfacher Weise Gott den Menschen bewahrt und beschützt, ohne daß der Mensch es verdienen muß. Wir spüren diese Begleitung Gottes durch die Vermittlung anderer Menschen, die in unserem Leben zu uns stehen, uns versorgen, beschützen und helfen.

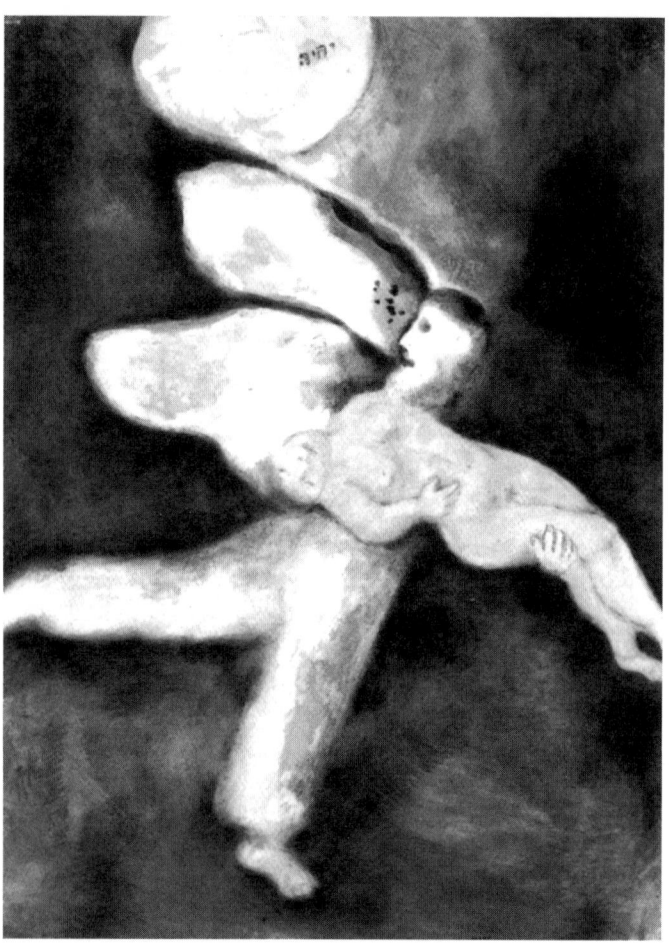

Marc Chagall, Gott erschafft den Menschen
© VG Bild-Kunst, Bonn 1997

MARC CHAGALL, GOTT ERSCHAFFT DEN MENSCHEN, 1956 (»DENK MAL NACH ...«, S. 82-83)

☞ **Dem Betrachter dieses Bildes** fällt unmittelbar die helle Gestalt mit den großen Flügeln ins Auge, die die Dynamik dieser Szene bestimmt. Mit schwungvoller Bewegung schwebt dieser Engel aus dem himmlischen Bereich herab. In diese Bewegung einbezogen ist eine menschliche Gestalt, die der Engel auf seinen Händen trägt. Sicher hält er sie in den Lüften und wird sie sanft auf der Erde absetzten. Der Mensch merkt wohl gar nicht, was mit ihm geschieht. Er kann ruhig schlafen, denn in den Armen des Engels wird er behütet und bewahrt an sein Ziel kommen. Auffälligerweise ist der Blick des Engels nicht auf dieses Ziel gerichtet. Er blickt nach rückwärts, dorthin, woher er kommt und den Auftrag bekommen hat, den Menschen an seinen Ort zu bringen. Dieses Woher liegt im Dunkeln und ist doch durch ein helles Gestirn erleuchtet. Mitten in diesen Stern hat der Künstler den Namen »Jahwe« geschrieben, Gottes Namen. Gott ist es, der seinen Boten beauftragt, den Menschen sicher an seinen Platz in der Welt zu bringen. So drückt das Bild die Erfahrung aus, auf wunderbare Weise bewahrt zu sein. Es verbindet sie zugleich mit dem Gottesnamen.

Aus dem Namen »Jahwe« läßt sich die Absicht Gottes herauslesen, die Menschen zu beschützen und zu bewahren. »Jahwe« kann übersetzt werden mit »Ich bin da« oder mit »Ich bin, der ich sein werde«. Was dies konkret bedeutet, ist zu erschließen aus dem Kontext der Erzählung Exodus 2 – 4. Jahwe sagt zu den bedrängten Israeliten, die unter dem Joch der Sklaverei in Ägypten klagen: »Ich bin für euch da«. Das Schreien der Unterdrückten hat sein Herz bewegt, und er will sie herausführen aus ihrem Leiden. Auf welche Weise er sich dabei zeigen wird, läßt Gott bewußt offen. Er läßt sich nicht auf eine konkrete Erscheinungsweise festlegen, sondern zeigt sich so, wie Menschen in ihrer Not ihn brauchen. Auf diese Weise kann er sein Volk auf dem Weg in die Freiheit beschützen und bewahren. Dem Volk diese Hilfe Gottes zu vermitteln, ist die Aufgabe des Mose. Daß Gottes Zuwendung auch dann noch gilt, wenn die Menschen ihm ihrerseits un-

Marc Chagall wurde 1887 in Witebsk im nördlichen Weißrußland geboren und ist in einem jüdisch-chassidischen Elternhaus aufgewachsen, das er im Rückblick liebevoll beschreibt. Beide Eltern hatten das harte Leben einer Arbeiterfamilie mit neun Kindern zu bestehen. Durch einen kleinen Kramladen versuchte die Mutter, den Lohn des Vaters zu erweitern. Nach der Beschreibung Chagalls wurde ein solches Leben für die ganze Familie zusammengehalten durch die Erfahrung religiöser Kontinuität. Religion war für ihn von Kindheit an kein abstrakter Glaube, sondern ein dialogisches Tun im Umgang mit den Menschen, mit den Tieren, mit der gesamten Schöpfung. Von dieser Grunderfahrung blieb Chagall lebenslang bestimmt. Er beschrieb sich als jemanden, der zwischen Himmel und Erde geboren sei, weil ihn das Gespräch mit der Bibel von Kindheit an gefesselt hat. Dieser Dialog ist durch sein beeindruckendes Bildwerk über Jahrzehnte zu verfolgen.

Seit 1923 lebte Chagall in Frankreich, weil er sich dort als Künstler besonders gut entfalten konnte. Nur mühsam konnte er sich nach seiner Verhaftung entschließen, aus dem von den Nationalsozialisten besetzten Frankreich nach Amerika zu emigrieren. Erst nach Beendigung des Krieges kehrt er 1947 nach Frankreich zurück. Der nationalsozialistische Massenmord an seinen jüdischen Volksgenossen hat ihn zutiefst erschüttert. Er hatte das Gefühl, sie im Stich gelassen zu haben, und fühlte sich schuldig. »Ich bin ein Davongelaufener, ein Entkommener«, soll er immer wieder gesagt haben. Seinem Selbstzeugnis zufolge drohte ihn die Betroffenheit durch das Faktum des Holokaust in den fünfziger Jahren auch künstlerisch zu lähmen. Als ihm eine visionäre Begegnung mit Mose und David Zukunft eröffnete, ging er an die Arbeit, die »Message-Biblique Marc Chagall« ins Bild zu setzen. Auf Chagalls Grabplatte auf dem Friedhof von St. Paul de Vence, wo er nach seinem Tode beigesetzt wurde, ist als einziger Schmuck ein vierflügliger Engel mit dem heiligen Leuchter zu sehen – ein Symbol der Ganzheit, der Vollendung einer das begrenzte Ich transzendierenden und umfassenden Persönlichkeit.

Als Jude hätte Chagall es sich niemals angemaßt, Gott selber darzustellen, aber er stellt die Gottesbegegnung dar, vermittelt durch den Engel. In seinen autobiographischen Aufzeichnungen »Mein Leben«[1] berichtet er von einem Traum, den er als Kunststudent in seinem Zimmer in Petersburg hatte: »Plötzlich öffnete sich die Zimmerdecke und ein geflügeltes Wesen stieg herab, erfüllte das Zimmer mit einem Schlag mit Rauschen und Getöse, mit Bewegung und Bildern. Ein Rauschen von schleppenden Flügeln. Ich denke: Ein Engel! Ich wage nicht, die Augen zu öffnen – es ist zu klar, zu lichtvoll. Nachdem er alles durchzogen hat, erhebt er sich durch den Spalt in der Decke und trägt alles Licht und all die blaue Luft mit sich fort. Aufs neue wird es dunkel, ich wache auf.«[2]

Chagall träumt von Engeln und schildert hier eine Art Berufungserlebnis, das er später im Bild »Die Erscheinung« (1917) festgehalten hat. In diesem Sinne kann der Engel für ihn eine schöpferische Muse sein, die durch ihr Herniederkommen die Realisation einer göttlichen Inspiration in der Wirklichkeit ermöglicht. Gehen die Engel so über den Menschen hinaus ins Transzendente, können sie andererseits auch in die Tiefe des Menschen, in die Instinktsphäre vermitteln. Dies trifft besonders auf die Engel zu, die als geflügelte Tiere dargestellt werden. Nicht selten erinnern die Engel an Akrobaten, welche die irdische Schwerkraft zu überwinden suchen.

Aber es gibt auch das Ringen des Künstlers mit seinem Engel, wenn es darum geht, ob der Himmel als Raum schöpferischer Intuition offen oder verschlossen bleibt; das Motiv »Der Kampf Jakobs mit dem Engel« mag solche Erfahrungen zur Voraussetzung haben. Engel sind bei Chagall Schutzgeister des Paares, der Vereinigung des Weiblichen und Männlichen, die als Geheimnis des Schöpferischen die gesamte Schöpfung durchzieht. Eines ihrer großen Anliegen ist es, die Harmonie der Schöpfung wiederherzustellen. Deutlich erkennbar wird dies im Bild »Der Engelsturz«, das eine mehrfache Überarbeitung erfahren hat (1923, 1933, 1947), die durch verschiedene historische Ereignisse, aber auch durch die persönliche Erfahrung des Todes seiner Frau Bella motiviert sein mögen.

Die enge Verbindung von Irdischem und Transzendentem wird verkörpert, wenn Chagall Engel und Mensch zu einem Paar vereinigt. Daß er hier die transzendente Funktion der Psyche selbst darstelle, hält Ingrid Riedel aus tiefenpsychologischer Perspektive fest. Das begrenzte Ich begegnet einer Wirklichkeit, die es übergreift, es erfährt ein umgreifendes Selbst und zugleich etwas, »das uns unbedingt angeht« – wie Tillich alle Gotteserfahrung charakterisiert.[3] Diese Erfahrung kann durch die oben beschriebene Radierung anschaulich werden. Die gleiche Verbindung von Engel und Mensch findet sich in der Szene »Schöpfung« in dem südöstlichen Chorfenster der Stephans-Kirche in Mainz. Hier ist dem Engel ein Regenbogen beigegeben, Zeichen der Beständigkeit des Bundes zwischen Gott und seiner Schöpfung. Das Motiv Engel und Regenbogen finden wir wieder in einer Serie von Radierungen zur Bibel, die Chagall zwischen 1939 und 1956 erstellte, und zu der auch unser Blatt gehört. In diesen Arbeiten hat der Künstler indirekt vor allem zwei Wirkungsweisen Gottes dargestellt: Gott kann sich verfinstern, sich im dunklen Gewölk verbergen, sein Antlitz bis zur Unkenntlichkeit verhüllen, aber er ist auch der sich zeigende, sich offenbarende Gott.

Zu diesen Radierungen gehört als wiederkehrendes Bildzeichen der Kreis, das Ganzheitszeichen, in dessen lichtes Inneres der Gottesname selber eingeschrieben ist. Hier werden die beiden Gesichter Gottes zu einem dritten verbunden, zu einer Ganzheit, die beide umfaßt und auf den gesamten Kosmos ausstrahlt. »Chagall als Jude gestaltet keine Gottes-Bilder, nur Gottes-Symbole – den lichten Zirkel mit dem Gottesnamen und immer wieder als den Boten der transzendenten Wirklichkeit selbst: den Engel.«[4]

---

1 **Marc Chagall, Mein Leben,** Stuttgart 1955, S. 81-82.
2 **Zit. Ingrid Riedel, Marc Chagalls Engel.** In: Reinhard Kirste, Peter Schwarzenau, Udo Tworuschka (Hg.), Engel, Elemente, Energien, Balve 1992, S. 241.
3 **Vgl. A.a.O.** S. 255.
4 **Zit. A.a.O.** S. 252.

14 | Der erste Artikel | Behütet und bewahrt

MIT KONFIRMANDINNEN UND KONFIRMANDEN

Überblick über die Arbeitsschritte
1. STUNDE: 1. Bildbetrachtung: Ein behüteter Mensch
2. Ich bin für euch da
2. STUNDE: 3. Hierher soll Gott kommen
4. Was Gott tut und, was wir tun können

Absicht
Die Konfirmandinnen und Konfirmanden sollen erfahren, daß Gott eine positive Größe im Leben der Menschen sein kann. Er meint es gut mit ihnen, und bei ihm können sie sich geborgen fühlen. Das Vertrauen auf Gott kann zur Grundlage des Lebens werden. Aber wie spüren Menschen konkret etwas von dieser Zuwendung Gottes? Gott schickt uns Menschen als Vermittler seiner Zuwendung. Das können Eltern sein, die auch in schwierigen Situationen zu ihren Kindern stehen, Lehrer, die einzelnen Schülern und ihren Problemen nachgehen, Menschen, die empfindsam darauf achten, was andere brauchen.

Material
Außer dem Bild von Marc Chagall werden zunächst einige Requisiten für ein Rollenspiel zu Exodus 3,1-4, 17 benötigt: ein großes rotes Tuch, Zweige in einer großen Vase, ein Stab, auf dem auf einer Seite eine Papierschlange befestigt ist, ein weißer Handschuh.
Weiter werden benötigt: Bibeln, Illustrierten- oder Zeitungsfotos von Menschen in schwierigen Situationen, Papierbögen (DIN A3-2), Filzstifte.

Zeit
2 x 90 Minuten

Verlauf

1. STUNDE

1. Bildbetrachtung: Ein behüteter Mensch
Das Bild wird durch ein gelenktes Gespräch in der Gruppe erschlossen.
Dabei können folgende Impulse wichtig werden:
- Woran erinnert die Figur in der Mitte des Bildes (z. B. an einen Engel)?
- Ein Engel ist ein Bote Gottes, der die Menschen etwas von Gott erfahren läßt.
- Der Mensch wird von dem Engel getragen.
- Oben in den Stern hat der Maler in hebräischer Schrift den Namen Gottes geschrieben: »Jahwe«.

2. »Ich bin für euch da«
Der/die Unterrichtende weist darauf hin, daß Gott sich nach der biblischen Überlieferung diesen Namen selber gegeben hat. Von der Gruppe wird der Text Exodus 3,1-15 in der Bibel gelesen.

▼ Unter Beachtung der Situation des Volkes Israel damals könnte herausgearbeitet werden, daß der Name bedeutet »Ich bin für euch da«. »Ich behüte und bewahre euch«. Dazu gibt der/die Unterrichtende folgende Denkanstöße:
- Versucht euch einmal vorzustellen, in welcher Situation sich die Israeliten damals befunden haben.
- Könnt ihr euch denken, was Gott ausdrücken will, wenn er sich diesen Menschen vorstellt mit dem Namen »Ich bin da«? Versucht, den Namen durch Zusätze zu ergänzen, so daß deutlicher wird, was er bedeutet.
- Wie erfahren die Israeliten, daß Gott für sie dasein will? Gott schickt Mose zu den Israeliten, einen Menschen, der sie auf Gottes Hilfe hinweist. Aber Mose fällt es nicht leicht, dieser Berufung zu folgen. Er zögert und wehrt sich, so daß Gott ihn erst durch Zeichen und nachdrückliche Aufforderungen dazu bewegen muß, seine Aufgabe zu akzeptieren. Die Gruppe kann den gesamten Gehalt der Geschichte intensiver erfassen, wenn er in einem *Rollenspiel* nachempfunden wird. Dazu erhält jeder Konfirmand/jede Konfirmandin den Text Exodus 3,1-4, 17 in gekürzter Fassung[5] auf einem Arbeitsblatt. Mit unterschiedlichen Farben wird zunächst das Wichtigste unterstrichen, was Gott, Mose, das Volk tun bzw. sagen. Danach entwickelt der/die Unterrichtende zusammen mit der Gruppe eine Dramaturgie für das Rollenspiel. Dabei werden die o. g. Requisiten folgendermaßen verwendet: Ein Konfirmand/eine Konfirmandin versteckt sich hinter den Zweigen unter dem roten Tuch, so daß er/sie zugleich den brennenden Dornbusch symbolisieren und die Worte Gottes sprechen kann. Gott tritt also nur als Stimme in Erscheinung, die mit Mose spricht. Als reale Personen erscheinen Mose (ein Konfirmand) und das Volk (der Rest der Gruppe). Die beiden Zeichen kann Mose so realisieren, daß er den Stab mit der Schlange nach oben auf den Boden fallen läßt bzw. seine Hand in den Handschuh steckt, der bis dahin in seiner Kleidung verborgen war. Sind diese äußeren Bedingungen geklärt, werden die einzelnen Schritte für das Spiel festgelegt, etwa:
- Das Volk jammert, weint und es beschwert sich über sein Schicksal in Ägypten.
- Mose zieht durch die Einsamkeit der Steppe. Er gerät auf unbekanntes Gelände an den Fuß eines Berges. Plötzlich sieht er von ferne etwas, das sein Interesse erweckt. Er tritt näher und sieht den Dornbusch, der brennt und doch nicht verbrennt. Mose ist stark verwundert und wird von dieser Erscheinung angezogen.
- Eine Stimme ruft: »Mose! Mose!«. Antwort: »Hier bin ich.« Mose hat große Angst. »Tritt nicht heran. Zieh deine Schuhe aus, denn du stehst auf heiligem Land!« usw.

Die Dramaturgie kann schon vor dem Spiel festgelegt werden. So könnten einzelne Gruppen des Volkes überlegen, welche Beschwerden sie vorbringen wollen. (Die Männer klagen über
▼ die Schufterei bei der Lehmproduktion und über die Schläge

---

5 Eine sehr brauchbare Kürzung findet sich z.B. in: **Ursula Früchtel, Eine alttestamentliche Symbolgeschichte vom Feuer.** In: RAST (Hg.), Gottes Geist befreit zum Leben, Werkbuch Unterricht, Dortmund 1991, S. 72-80.

der Aufseher; die Frauen beklagen, daß es nicht genug Nahrung für ihre Familien gibt. Kinder sehen die Niedergeschlagenheit und Müdigkeit ihrer Eltern. Zweifler halten die ägyptischen Götter für mächtiger, weil sie den Ägyptern Ansehen und Reichtum schenken etc.) Sie sollten diese schriftlich festhalten. Auch Mose könnte -möglicherweise gemeinsam mit dem/der Unterrichtenden- sein Verhalten vorher durchdenken. Wie will Gottes Auftrag dem Volk er erklären? Wie wird das Volk reagieren? Trotz aller Vorbereitung sollte die Dramaturgie aber für eigene Einfälle der Spieler während des Spiels offen gelassen werden.

2. STUNDE

3. Hierher soll Gott kommen

Damals hat Gott den Israeliten durch Mose deutlich gemacht, daß er sie beschützen will. Auch heute können Menschen durch andere Menschen etwas von Gottes Hilfe erfahren. Mit diesem Impuls kann der/die Unterrichtende die Kleingruppenarbeit einleiten: Jede Gruppe erhält ein Foto, Papier und Filzschreiber. Oben auf das Papier wird die Überschrift geschrieben: »Hierher soll Gott kommen«
- Klebt das Bild unter die Überschrift.
- Schreibt auf das Plakat eine Geschichte über diese Menschen und ihre Probleme. Schreibt auch, wie Gott zu diesen Menschen kommt. Die fertigen Plakate werden im Raum aufgehängt und im Plenum vorgestellt.

4. Was Gott tut, und was wir tun können

Luthers Erklärung zum ersten Artikel (Denk mal nach ..., S. 83) wird gelesen. Es kann sich ein abschließendes Gespräch unter folgenden Gesichtspunkten entwickeln:
- Luther erklärt hier, was Gott für den Menschen tut (Er versorgt ihn; er beschützt ihn; er ist gut zu ihm, auch ohne daß der Mensch es verdient hat).
- Können wir etwas für Gott tun?
- Können wir etwas für die Welt tun?

MIT ELTERN UND KONFIRMANDEN

Unter dem Thema »In der Liebe bewahrt« oder »Ich glaube an Gott den Vater« kann ein Nachmittag mit Konfirmanden und deren Eltern stattfinden. Erzählt wird das Gleichnis vom verlorenen Sohn bzw. liebenden Vater (Lk 15) anhand der Dia-Reihe mit Bildern des Malers Kees de Kort.[6] In Kleingruppen werden Textplakate gestaltet zum Thema »Fragen, die mich in meiner Familie beschäftigen«. Die Plakate werden ausgetauscht, und jeweils eine andere Gruppe beantwortet die Fragen schriftlich. Die Antworten werden im Plenum diskutiert.

MIT SENIOREN

Jedes Gruppenmitglied erhält das Bild von Chagall als Handbild. Es folgt eine meditative Betrachtung:
- Was empfindet die Person, die getragen wird?

Anschließend wird folgende *Geschichte* gelesen:
Ein Mann hatte nachts einen Traum. Er träumte, daß er mit Gott am Strand spazieren ginge. Am Himmel zogen Szenen aus seinem Leben vorbei. Und für jede Szene aus seinem Leben waren Spuren im Sand zu sehen. Als er auf die Fußspuren im Sand zurückblickte, sah er, daß manchmal zwei Spuren und manchmal nur eine Spur da war. Er bemerkte weiter, daß sich zu Zeiten größerer Not und Trauer nur eine Spur zeigte. Deshalb fragte er Gott: »Mein Gott, ich habe bemerkt, daß zu den traurigen Zeiten meines Lebens nur eine Spur zu sehen ist. Du hast aber versprochen, stets bei mir zu sein. Ich verstehe nicht, warum du mich da, wo ich dich am nötigsten brauchte, allein gelassen hast.«
Da antwortete Gott: »Mein lieber Freund, ich liebe dich und würde dich niemals verlassen. In den Tagen, in denen du am meisten gelitten und mich am nötigsten gebraucht hast, da habe ich dich getragen.«[7]
Ein Gespräch schließt sich an:
- Wo habe ich in meinem Leben Spuren Gottes gesehen?
- Wo habe ich mich getragen und bewahrt gefühlt?

FÜR EINEN GOTTESDIENST

Zu dem Chagall-Bild könnte ein Gottesdienst mit der Textgrundlage Römer 8,35;38-39 gestaltet werden: »Nichts kann uns trennen von der Liebe Gottes«. Der Engel versinnbildlicht bei Chagall die Liebe Gottes, die den Menschen trägt, auch wenn es ihm nicht bewußt ist. Kann Gott uns auch bewahren, wenn es uns schlecht geht? In diesen Gottesdienst ließen sich die von den Konfirmanden gestalteten Bild-Text-Plakate einbeziehen. Im Zusammenhang mit dem Sündenbekenntnis könnten die Plakate gezeigt und die Probleme der abgebildeten Menschen dargestellt werden. Vor oder nach dem Gnadenspruch werden die Lösungsmöglichkeiten vorgetragen, die den Konfirmanden für diese Situationen eingefallen sind. Als Predigt schließt sich eine Meditation über das Chagall-Bild unter dem Gesichtspunkt von Römer 8 an.

Ergänzungen – Alternativen – Hinweise

Lebensgeschichte von Janusz Korczak: Kinder erfahren durch ihren Lehrer, was es heißt, bewahrt zu sein.[8] Tondiareihe »Martin der Schuster«[9] Gott kommt zu uns durch Menschen, die wir vor Schaden bewahren können.

---

6 **Deutsche Bibelgesellschaft, Was uns die Bibel erzählt, Der verlorene Sohn,** Illustr. von Kees de Kort (Farb-Dias), Stuttgart o. J.
7 Aus: Renate und Hans Jürgen Rau (Hg.), Wir auf dem Weg nach Bethlehem, Offenbach 1987, S. 65.
8 **Vgl. Pädagogisch-Theologisches Institut der EKiR (Hg.), Janusz Korczak,** In: Materialien für den Religionsunterricht, Wirkungsgeschichte Heft 2, Bad Godesberg 1993, S. 4-9.
9 **Ingeborg Becker, Peter F. Bock, Masahiro Kasuya, Martin der Schuster (Tonbildreihe),** av-edition, München/Offenbach, 1985.

Der zweite Artikel

Gotteskind und Menschenkind

Mac Zimmermann, Heimkehr des verlorenen Sohnes, 1964

Das haben wir alle schon beobachtet: Eltern sehen, wie ihre Kinder selbständiger werden und sich die Beziehung zu ihnen verändert. Manchen fällt es schwer, diesen Wandel zu akzeptieren. Aber Eltern müssen ihre Kinder loslassen können, damit sie als erwachsene Menschen ihren eigenen Weg finden. Auf Jugendliche im Konfirmandenalter kommt diese Problematik zu, und wahrscheinlich können sie sich deshalb so gut mit den Personen in dem Gleichnis vom Vater und seinen beiden Söhnen (Lukas 15,11-32) identifizieren. Hier läßt ein Vater seinen Sohn ziehen und nimmt ihn wieder auf, als er gescheitert zurückkehrt. Die Liebe des Vaters bleibt vorbehaltlos bestehen.

Christen glauben: Gott ist so ein Vater. Er ließ seinen eingeborenen Sohn gehen und schickte ihn unter die Menschen. Indem der eine Gottessohn unser Bruder wurde, hat Gott alle seine Söhne und Töchter zurückgewonnen. Als Gotteskinder sind wir ermächtigt, Gott anzureden mit Ausdrücken innigster Beziehung: »Gott, du unser Vater und unsere Mutter.« (Denk mal nach ..., S. 130) Jesus sprach von Gott als dem »himmlischen Vater« und beschrieb damit einen qualitativen Unterschied zwischen Gott und menschlichen Eltern, aber keine unendliche Distanz. Im Kommen des Gottessohnes berühren sich Himmel und Erde; Gott kommt uns Menschen vorbehaltlos nahe. Was diese unbedingte Nähe bedeutet, kann an gelingenden menschlichen Beziehungen erkennbar werden. Der Maler *Mac Zimmermann* hat dies mit der *Heimkehr des verlorenen Sohnes* (1964)[1] zum Ausdruck gebracht: gleichzeitig mit der Umarmung zweier Menschen berühren sich Himmlisches und Irdisches.

---

1 Informationen zum Bild befinden sich in **Heft 3 zum Vaterunser**, S. 11.

MIT KONFIRMANDINNEN UND KONFIRMANDEN

■ Überblick über die Arbeitsschritte

1. DOPPELSTUNDE: 1. Himmlische Kinder, himmlische Eltern
2. Irdische Kinder, irdische Eltern
2. DOPPELSTUNDE: 3. Es berühren sich Himmel und Erde, Gott und Mensch

Absicht

Die Konfirmandinnen und Konfirmanden sollen erkennen, daß Gott den Menschen nahe sein will und daß diese Nähe unabhängig ist von menschlichem Wohlverhalten. Diese Nähe kommt in Jesus Christus zum Ausdruck, dem Gottessohn, der Mensch wurde.

Material

Außer dem Poster *Mac Zimmermann, Heimkehr des verlorenen Sohnes, 1964* (siehe Material zu Heft 3: Das Vaterunser) werden benötigt:

- Zwei Papierbögen von der Größe DIN A 0.
- Bibeln oder eine konfirmandengemäße Nacherzählung des Gleichnisses Lukas 15,11-32[2].
- Beschreibungen für drei Rollenspiele.
- Ein breiter Papierstreifen mit der Aufschrift »*So nah kommt Gott uns Menschen*«.
- Zettel DIN A 5, Stifte und Klebeband.

Zeit

2 x 90 Minuten

Verlauf

1. DOPPELSTUNDE

1. Himmlische Kinder, himmlische Eltern

Zur Vorbereitung der ersten Einheit muß der/die Unterrichtende die beiden großen Papierbögen jeweils mit folgenden Überschriften und den dazugehörigen Zeichnungen versehen:

Eltern sagen:

unsere Tochter | unser Sohn
ist himmlisch | ist himmlisch

---

2 Auch für unseren Zusammenhang geeignet ist z.B. die **Erzählung in: Dietrich Steinwede, Und Zachäus stieg vom Baum, Biblische Geschichten für Kinder,** Gütersloh 1997, S. 54-56.
Dieser Text kann als Erzählvorlage dienen. Die deutenden Zeilen am Anfang und am Schluß sollten allerdings hier entfallen.

> *Ein Kind sagt:*
> mein Vater ist himmlisch   meine Mutter ist himmlisch

Beide Plakate werden für alle sichtbar im Gruppenraum aufgehängt. Zu Beginn der Einheit fordert der/die Unterrichtende die Konfimandinnen und Konfirmanden auf:
- Benennt Eigenschaften, welche die jeweiligen Personen als »himmlisch« auszeichnen könnten.

Alle genannten Eigenschaften werden an der entsprechenden Stelle auf die Plakate notiert. Es ist zu erwarten, daß zahlreiche positive Eigenschaften für die jeweiligen Familienmitglieder genannt werden.

2. Irdische Kinder, irdische Eltern

Der/die Unterrichtende leitet zur nächsten Einheit über:
- Im Lukasevangelium erzählt Jesus eine Geschichte von einem Vater und seinen beiden Söhnen.

Lukas 15,11-32 wird nun entweder in der Bibel nachgelesen oder von dem/der Unterrichtenden kurz erzählt. Im allgemeinen regt schon der biblische Text Jugendliche zur Identifikation an, die zu spontanen Äußerungen führt. Das Gespräch kann unter folgenden Gesichtspunkten vertieft werden:
- Versetzt euch in den jüngeren Sohn. Was empfand er wohl, als er sein Elternhaus verließ, und später bei der Rückkehr und dem Empfang durch den Vater?
- Beschreibt euren Eindruck von dem Sohn, der zuhause blieb. Was sagen sein Verhalten und seine Worte über diesen Sohn aus?
- Ist der Vater seinen beiden Kindern gerecht geworden?

Jesus erzählt sein Gleichnis mit sparsamen Mitteln. Denkbar ist, daß noch weitere Personen zur Familie gehören. Außerdem bleibt das Ende der Geschichte offen. Wie wird sie später, etwa mit zusätzlichen Personen, weitergehen? Könnte die Geschichte auch in unserer Zeit spielen? Wird sich in einer anderen Zeit das Verhalten der Personen verändern? Solche Fragen können günstig über Rollenspiele bearbeitet werden. Sie regen zur weiteren Identifikation mit dem Gehalt der Geschichte an, mit dem man sich auf jeden Fall auseinandersetzen muß, wenn man das bisherige Verhalten der Personen fortführen oder auch davon abweichen will.

Für die folgende Spielphase müssen drei Kleingruppen gebildet werden, die jeweils eine Anleitung für ein Rollenspiel erhalten. Dies sollen sie gemeinsam vorbereiten und mit einer Lösung im Plenum vorspielen:

Anleitung für Rollenspiel 1

Die beiden Brüder haben noch eine jüngere Schwester. Sie hing immer mit großer Liebe an ihrem Vater und fühlte sich bei ihm geborgen. Als ihr Bruder das Haus verließ, war sie noch klein. Sein Weggang traf sie hart, denn sie mochte auch diesen Bruder sehr. Als sie älter wurde, kamen ihr immer weitere Fragen: Warum hatte der Bruder die Familie verlassen? Hatte er es nicht gut? Sah er nicht, daß er die Eltern verletzte? Nach der Rückkehr des Bruders treffen sich die Geschwister eines Tages auf einer Steinbank hinter dem Haus. Endlich können sie miteinander sprechen.

Anleitung für Rollenspiel 2

Nach seiner Rückkehr und dem großen Fest wohnt auch der jüngere Bruder wieder im Elternhaus. An einem Morgen wollen beide Söhne gleichzeitig an ihre Arbeit gehen. Vorher nehmen sie noch eine Mahlzeit zu sich. Sie müssen deshalb zwangsläufig gemeinsam an einem Tisch sitzen. Wie verhalten sie sich in dieser Situation? Werden sie miteinander sprechen?

Anleitung für Rollenspiel 3

Herr und Frau Meier haben zwei Kinder: Sohn Peter bereitete ihnen im Grunde nie Schwierigkeiten. In der Schule kam er immer bestens voran und hat sein Abitur glänzend bestanden. Heute studiert er Medizin und wird es später in seinem Beruf sicher zu etwas bringen. »Er ist gut zu haben«, sagen seine Eltern von ihm, genauso wie seine Bekannten. Anders sieht es bei seiner älteren Schwester Jutta aus: Eines Tages hatte sie Schule und Elternhaus satt. Mit 18 hob sie alles Geld von ihrem Sparkonto ab und zog mit ihren Freunden in eine andere Stadt, um sich dort einen Job zu suchen. Leider klappte nicht alles so, wie Jutta sich das vorgestellt hatte. Sie geriet an die falschen Leute, die Nächte wurden immer länger und das Geld immer weniger. Zuletzt weiß sie keinen anderen Rat mehr, als zu ihren Eltern zurückzukehren. Natürlich freuen sich die Eltern über ihre Rückkehr. Sie hatten sich große Sorgen gemacht. Aber wie soll es weitergehen? Eines Tages kommt es in der elterlichen Wohnung zu einem Gespräch zwischen Herrn und Frau Meier, Peter und Jutta.

Auswertung:

Nachdem eine Szene vorgespielt worden ist, haben jeweils zunächst die Spielerinnen und Spieler das Recht zu erzählen, wie es ihnen in ihrer Rolle ergangen ist. Was haben sie angesichts der Reaktionen der anderen beteiligten Personen empfunden?

Danach wird die gesamte Gruppe an der Auswertung beteiligt:

- Könnte sich die Lösung, die für den Konflikt gefunden wurde, tatsächlich so ereignen?
- Ist das Kind, welches das Elternhaus verlassen hat, zu neuen Einsichten gelangt?
- Lassen sich Gründe erkennen, die für eine Verbesserung oder eine Veschlechterung des Verhältnisses zwischen den beteiligten Personen ausschlaggebend waren?
- Welches Verhalten hat euch am besten gefallen?
- Paßt die gefundene Lösung zum ursprünglichen Bibeltext oder widerspricht sie ihm?

Vorgespielte Szene und Auswertung sollten auf keinen Fall voneinander getrennt werden. Sollte die erste Doppelstunde zeitlich nicht für das Spiel aller Szenen ausreichen, ist es sinnvoller, eine von ihnen erst in der nächsten Stunde vorzuführen und auszuwerten.

2. DOPPELSTUNDE

3. Es berühren sich Himmel und Erde, Gott und Mensch

Das Poster *Mac Zimmermann, Heimkehr des verlorenen Sohnes* wird zunächst für sich allein im Gruppenraum aufgehängt. Die Interpretation des Bildes kann durch folgende Impulse angeleitet werden:

- Hier hat ein Maler unsere biblische Geschichte mit seinen Mitteln interpretiert.
  Beschreibt zunächst, was ihr erkennt. Fällt etwas besonders auf?
- Die beiden Personen fliegen gleichsam aufeinander zu. Man kann auf dem Bild sogar den Wind sehen, der diese Bewegung begleitet.
- Sagt das etwas über die Beziehung der beiden Personen aus?
- Auf dem Bild berühren sich nicht nur zwei Menschen, sondern auch Himmel und Erde.

Rechts und links neben das Bild werden jetzt die beiden Plakate mit den »himmlischen« Eigenschaften gehängt:

- Versucht, eine Beziehung zwischen unseren Plakaten und dem Poster herzustellen.
- An den beiden Figuren auf dem Bild wird etwas Himmlisches deutlich.

Der/die Unterrichtende klebt über das Poster den Papierstreifen mit der Aufschrift

So nah kommt Gott uns Menschen

- Jesus wollte mit seiner Geschichte etwas über Gott aussagen. Versucht, es mit euren Worten zu formulieren.
- Jesus hat auch gesagt: »An mir könnt ihr entdecken, daß Gott den Menschen nahe ist.« Sucht Beispiele aus dem Leben Jesu, die diese Aussage bestätigen.

Die Konfirmandinnen und Konfirmanden erzählen einige Geschichten, die ihnen aus dem Leben Jesu bekannt sind. Der/die Unterrichtende wird sie dabei unterstützen. In knapper Form halten sie die Geschichten auf Zetteln fest, die unter das Poster geklebt werden.
Dieser letzte Schritt kommt hoffentlich auch den Jugendlichen entgegen, die einen liebenden Vater oder eine liebende Mutter schmerzlich vermissen, denn hier wird der Blick über den Familienzusammenhang hinaus für andere menschliche Beziehungen geweitet.

Der zweite Artikel

Do it yourself

Eugeniusz Get Stankiewicz, Selbst ist der Mann, 1976, Nationalmuseum Breslau

Schon als Kinder sind wir Menschen stolz, wenn wir erkennen, was wir selber können und selber getan haben. Dieser Stolz bleibt meist auch dem Erwachsenen erhalten. Aber hinzu kommt das deutlichere Bewußtsein der negativen Konsequenzen unserer Handlungen: Wir werden schuldig und leben in *Schuldzusammenhängen*. Niemand läßt sich gern auf seine Schuld ansprechen. Wenn im Christentum von menschlicher Schuld die Rede ist, geht es zudem primär um ein rechtlich nicht faßbares Schuldigsein, das objektiv gilt, auch wenn es nicht bewußt erkannt und benannt wird. Gemeint ist ein mit dem menschlichen Sein selber verknüpftes Geschehen, durch das der Mensch die Bestimmung seines Lebens verfehlt und für das theologisch der Begriff »Sünde« gebraucht wird. Aus ihr gehen allerdings jene schuldhaften Taten und Verhaltensweisen hervor, die auf vielerlei Weise Leben entfremden und zerstören. Der Tod Jesu ist in diesen Zusammenhang einbezogen. Bei seinen jüdischen und römischen Zeitgenossen hat Jesus durch sein Verhalten und seine Lehre Anstoß erregt. Sein Tod war keine unbegründete Tatsache, sondern er muß im Kontext dieser Konflikte verstanden werden.[1] Lebensfeindliche Einstellungen, die denen der Menschen zur Zeit Jesu vergleichbar sind, finden sich auch heute bei uns. Sie können sich in bewußten schuldhaften Handlungen äußern oder in überpersönlichen Regelsystemen, Großgebilden und Zwangsläufigkeiten, die der einzelne aber mitträgt.

Die Verflochtenheit in Schuld ist allerdings nicht das Letzte, was vom christlichen Glauben her über die Menschen damals wie heute gesagt werden kann. Wo die Schuld der Menschen offenbar wurde, ist die Gnade Gottes noch viel deutlicher geworden, denn er hat Christus nicht im Tod gelassen. Christus ist auferstanden in ein neues Leben in Gottes Nähe. Was der Mensch aus eigener Kraft nicht vermag, wurde damit für ihn erreicht. Der Zusammenhang von Sünde, Schuld und Tod ist durchbrochen, und der Mensch kann umkehren zu neuem Leben. Dies ist die Botschaft des Evangeliums.

E. G. STANKIEWICZ, »SELBST IST DER MANN«, 1976 (DENK MAL NACH ..., S. 95)

☞ **Das Objekt ist sehr einfach,** fast simpel zusammengesetzt, und seine Zeichen sind schnell zu erfassen: Es handelt sich um eine Montage aus vier Elementen. Auf einer mit hellem Leinen bespannten Rückwand ist ein schlichtes Holzkreuz angebracht. Links neben dem Kreuz liegt eine Christusfigur in der Haltung eines Gekreuzigten, wie man sie gewöhnlich am Kruzifix findet. Diese Figur ist dunkel, wahrscheinlich aus Metall oder aus dunklem Holz. Rechts neben dem Kreuz sind ein Hammer und drei Nägel angebracht. Unter dem Kreuz ist in polnischer und englischer Sprache der Spruch zu lesen: »do it yourself«. Der Betrachter erfaßt schon auf den ersten Blick, wozu er hier aufgefordert wird: Er soll mit Hilfe des Hammers und der drei Nägel den Corpus Christi selber an das Kreuz nageln.

Wir sehen also einen echten Bausatz vor uns, wie wir ihn in Hobbyläden, in Großmärkten für Möbel oder anderswo finden können. Eine Bauanleitung ist nicht notwendig, weil ohnehin jeder sieht, was zu tun wäre. Daß ein Kruzifix mit Corpus zum Mobiliar einer Wohnung gehört, ist auch heute noch nichts Ungewöhnliches.

---

1 **Vgl. Jürgen Moltmann, Der gekreuzigte Gott,** München 1972, S. 120ff.

Daß dieses irgendwann von Menschenhand oder maschinell zusammengesetzt wurde, kann sich jeder vernünftig klarmachen. Die besondere Wirkung unseres Bildes wird gerade durch das Bausatzprinzip erzielt, durch die Herausforderung an den Betrachter, selber Hand anzulegen. Dadurch werden wir in einer Haltung irritiert, die sich bei uns gegenüber dem Kreuzzeichen oder dem Kruzifix über Jahrhunderte eingespielt hat. Das Kreuz ist wie der Kreis, das Dreieck oder das Quadrat ein Grundzeichen, das in vielen Kulturen auch schon vor dem Christentum Bedeutung hatte.

Hier geht es speziell um das christliche Kreuz, das auf den Tod Jesu Christi verweist als Ende seines irdischen Lebens. Als solches ist es zum weitverbreiteten Motiv christlicher Kunst und Kultur in Malerei und Plastik geworden und wird nicht selten in Gold oder Silber als Schmuckstück getragen. Wer das Kreuz so verwendet, mag einerseits eine fromme, gläubige Haltung auch sichtbar verdeutlichen wollen. Andererseits wird häufig genug das Gegenteil der Fall sein: Wir tragen das Kreuz gedankenlos, weil wir uns daran gewöhnt haben. Die ersten Christen dagegen waren von weit größerer Scheu gegenüber dem Kreuzzeichen bestimmt und verwendeten es selten. Sie wußten, daß der Kreuzestod Christi für das antike Denken anstößig und schändlich war, weil es sich hier um eine der verachtetsten Formen der Hinrichtung handelte. Diese Schmach ließ Christus durch Menschenhand über sich ergehen und zeigte dadurch seine Solidarität mit den Menschen, auch mit den zutiefst erniedrigten. Darin liegt für den christlichen Glauben der Sinn des Kreuzzeichens. Mit der konstantinischen Wende aber wurde das Kreuz zum Siegeszeichen und mit der Verbürgerlichung des Christentums zur Gewohnheit. Aus dieser Bedeutungslosigkeit einer konventionellen Religiosität versucht Stankiewicz das Kreuz zu befreien; und zwar durch die Provokation, die mit der Aufforderung »do it yourself« verbunden ist. Kaum ein Betrachter wird geneigt sein, dieser Aufforderung unmittelbar zu folgen und die angezeigte Handlung spontan und bedenkenlos auszuführen. Was uns zurückhält, ist das Gespür, daß es hier um eine symbolische Handlung geht, die ein Zeichen für etwas Fundamentaleres ist. Christus ans Kreuz zu nageln, das ist ein Zeichen für menschliche Schuld. Nicht nur die Menschen vor 2000 Jahren sind schuldig geworden, als sie Christus verurteilten und hinrichteten, sondern auch wir heute unterliegen noch den gleichen Schuldzusammenhängen.

Je nach persönlichem Empfinden mögen die Betrachter des Bildes unterschiedlich reagieren: Einige mögen zunächst lachen, weil sie die sarkastische Ironie erfassen, die hinter diesem Arrangement steckt. Aber sie werden auch spüren, daß es sich um mehr als einen Witz oder eine originelle Idee handelt. Andere werden mehr oder weniger verhalten von der hier geforderten Handlung Abstand nehmen. In jedem Fall ist der Betrachter spontan betroffen, und diese Betroffenheit gilt es zu nutzen, um ihn zum Nachdenken anzuregen: Wo lebt Christus heute unter uns, und wo gerät er wieder ans Kreuz? Wo werden wir selber an Christus schuldig, weil wir an unseren Mitmenschen, an der Mitwelt, an der Schöpfung schuldig werden? Ein vom Ballast der Gewohnheit befreites Kreuz setzt diese Fragen frei.

Die Objektkunst gehört zu den zentralen und bedeutendsten Verfahren der Kunst des 20. Jahrhunderts. Ihr Ursprung geht auf Experimente der Maler des Kubismus zurück, die Elemente der Alltagswirklichkeit, zunächst kunstferne Materialien in ihre Bilder einzubeziehen versuchten.

Was unter einem »Objekt« zu verstehen ist, läßt sich nicht leicht definieren: Das Objekt setzt immer ein Subjekt voraus; es ist damit wohl in jedem Fall eine Erscheinung der materiellen Welt, die menschliche Erkenntnis und Wahrnehmung auf sich zieht, zur Aneignung durch Sehen und Begreifen herausfordert. Die Objektkunst nutzt die Tatsache, daß besonders ungewöhnliche Formbildungen das Auge auf sich ziehen und zum Aufmerken veranlassen.

In der Folge der Arbeiten von Pablo Picasso und Marcel Duchamp erfuhr diese Kunstrichtung eine vielfältige und breit gefächerte Entwicklung. Zu einem wichtigen Moment wurde der Prozeß des Sammelns und der Präsentation der gesammelten Gegenstände in Kisten und Kästen. Im Grunde kann jedes Objekt zum Material oder Gegenstand der Objektkunst werden. Neben den in den 50er und 60er Jahren entstandenen Stilrichtungen des »Nouveau réalisme« und der »Pop Art« gab und gibt es unter den Künstlern der Gegenwart viele Einzelgänger, die sich auf ihre subjektive Art mit der Welt der Objekte auseinandersetzen, um neue Inhalte und Darstellungstechniken zu finden. Zu nennen wäre etwa Joseph Beuys. Neue Akzente setzten in den 60er und 70er Jahren Künstler, die der sog. »Spurensicherung« zugerechnet werden. Durch die besondere Art ihrer Präsentation von Gegenständen wollen sie die Seh- und Wahrnehmungsweisen der Betrachter so herausfordern, daß sich eine neue Erfahrungswirklichkeit zeigt, die über die materielle Präsens der Objekte hinausreicht.[2]

---

2 **Vgl. Michael Klant, Josef Walch, Grundkurs Kunst,** Band 2: Plastik, Skulptur, Objekt, Hannover 1990, S. 160-161.

MIT KONFIRMANDINNEN UND KONFIRMANDEN

■ **Überblick über die Arbeitsschritte**

1. STUNDE: 1. Umstrittener Jesus
2. STUNDE: 2. Kreuzigung – gestern und heute
3. STUNDE: 3. Do it yourself – Rollenspiel
   4. Das Kreuz ist nicht das Ende

Absicht

Die Konfirmandinnen und Konfirmanden sollen erkennen, daß die Kreuzigung Jesu nicht unabhängig vom Handeln der Menschen zu sehen ist. Ihr liegt ein Schuldzusammenhang zugrunde, zu dem auf seine Weise jeder beigetragen hat. Auch heute werden wir Menschen durchaus in vergleichbarer Weise schuldig, aber unsere Schuld ist uns oft nicht bewußt. Der Hinweis auf seine Schuld ist aber nicht das letzte Wort, das der christliche Glaube dem Menschen zu sagen hat.

Material

Außer der Collage (Denk mal nach ..., S. 95) werden benötigt:
- Bibeln
- Wachsmalstifte und Zeichenpapier
- Fotos aus Illustrierten, die menschliche Schuldzusammenhänge verdeutlichen
- Packpapier in der Größe 1 m x 2 m
- Scheren und Klebstoff
- Eine Ostersonne aus Tonpapier (s. Skizze)

Die Ostersonne kann in dieser Form angefertigt werden, sollte aber im Original einen Durchmesser von mindestens 30 cm haben.

Zeit

3 x 45 Minuten

Verlauf

1. STUNDE

1. Umstrittener Jesus

In der Gruppe werden einige Bibelstellen gelesen und diskutiert, an denen deutlich wird, daß Jesus schon zu Lebzeiten sehr umstritten war (z. B. Mk 3,20-22; 15,39; 8,29; Mt 11,19; Joh 18,30). Im Gespräch sollte besonders festgehalten werden, welche Meinung seine Gegner von Jesus hatten.

2. STUNDE

2. Kreuzigung – gestern und heute

Für den Fortgang der Unterrichtseinheit sind an dieser Stelle zwei alternative Wege möglich:

VARIANTE A

Ein erster Weg der Erschließung des Bildes von Stankiewicz könnte darin bestehen, sich einen Zugang zum Symbol »Kreuz« zu verschaffen. Dazu erhält jedes Gruppenmitglied ein Blatt, auf dem lediglich der Umriß des Kreuzes zu sehen ist. Zunächst wird darüber gesprochen, welche Bedeutung dieses Zeichen hat, welche Wirklichkeiten damit angedeutet sind.
Danach stellt der/die Unterrichtende eine Reihe von Fotos (aus Zeitschriften und Illustrierten entnommen) zur Verfügung. Die Gruppenmitglieder suchen sich solche Fotos aus, die ihrer Meinung nach zum Symbol Kreuz passen, und kleben sie in den Umriß ein. Beim Vorstellen der verschiedenen Bilder wird zugleich die Vieldeutigkeit des Symbols hervorgehoben.

VARIANTE B

Dieser Weg ist geeignet für Gruppen, die es gewohnt sind, mit längeren Texten selbständiger umzugehen.
Der/die Unterrichtende weist darauf hin, daß Jesus durch sein Verhalten und seine Lehre bei vielen Zeitgenossen Anstoß erregt hat. In der Bibel steht, wie Menschen ihn deshalb behandelt haben. Schon vor Beginn des Unterrichts hat der Unterrichtende die Passionsgeschichte Mk 14-15 in verschiedene Sinneinheiten eingeteilt, und für jede Sinneinheit ist eine Gruppe verantwortlich (z.B. für das Abendmahl, für die Gefangennahme, für die Verurteilung und Verspottung). Sie erhält den Auftrag zu überlegen, was in dem Textabschnitt wichtig ist und wie sich die Menschen dort verhalten.
Zu dem Abschnitt soll je ein Bild gemalt werden, und es sollen Fotos aus unserer Zeit gesucht werden, auf denen sich Menschen in vergleichbarer Weise verhalten (s. Material).
- Die Gruppen stellen ihre Bilder und Fotos im Plenum vor und begründen ihre Darstellung bzw. Auswahl.
- Alle Bilder werden auf dem Packpapier zu einem Kreuz zusammengeklebt, das im Raum deutlich sichtbar aufgehängt wird.

3. STUNDE

3. Do it yourself – Rollenspiel

Aufgrund der vorausgegangenen Unterrichtsschritte sollten die Konfirmandinnen und Konfirmanden jetzt in der Lage sein, die Provokation, mit der die Collage von Stankiewicz arbeitet, zu verstehen. Die Gruppe betrachtet still

das Bild, und danach gibt der/die Unterrichtende folgende Impulse für die Erschließung:
- Stell dir vor, du folgst der Aufforderung »Do it yourself«. Was empfindest du dabei?
- Vergleiche dein Verhalten mit dem Verhalten der Menschen damals und mit den Fotos, die wir aufgeklebt haben.

Wir stellen uns vor, das Bild »Selbst ist der Mann« wäre als Plakat an einer Litfaßsäule vor dem Gemeindehaus angebracht. Es wird ein Rollenspiel inszeniert, bei dem verschiedene Personen mit dieser Litfaßsäule konfrontiert werden und zu dem Bild Stellung nehmen, z. B.:
- Der Pfarrer möchte das Plakat aufhängen lassen, doch der Küster weigert sich.
- Zwei Gemeindeglieder entdecken das Plakat nach dem sonntäglichen Gottesdienstbesuch.

Interessant wäre es auch, die Litfaßsäule in einen Kontext zu stellen, der keine kirchlichen Bezüge hat, z. B. eine Fußgängerzone, ein Straßencafe etc.

4. Das Kreuz ist nicht das Ende
Der/die Unterrichtende klebt in die Mitte des von den Konfirmanden hergestellten Kreuzes die Ostersonne:
Die Gruppe äußert Vermutungen, was dieses Symbol bedeuten könnte.
- Warum kann man mitten in das Kreuz eine Sonne kleben?
- Daß Jesus durch die Schuld der Menschen starb, ist nicht das Letzte, was in der Bibel über ihn berichtet wird.

MIT JUGENDLICHEN

In einer Jugendgruppe kann der Film »*Espolio*« vorgeführt werden. Dieser Film zeigt, wie ein Zimmermann – ganz auf seine Arbeit konzentriert – Löcher für die Nägel ins Kreuz bohrt. Während unter Bläsersignalen ein Hinrichtungskommando einen Verurteilten durch eine neugierig gaffende Menschenmenge führt, tut der Zimmermann nur seine Pflicht. Der Film fragt nach der Schuld des Mitläufers, der sich »um nichts kümmert«, sondern »seine Arbeit tut«, und verfolgt diese Frage bis in die Gegenwart. (Dauer: 7 Minuten, 16 mm)

Auf die Vorführung des Films folgt ein Gespräch, in dem der Inhalt kurz wiedergegeben und erste Eindrücke gesammelt werden. Danach kann der Text »Der Zimmermann« (Denk mal nach ..., S. 94) gelesen und auf dieser Grundlage über folgende Sätze diskutiert werden:
- Wir bauen, was von uns verlangt wird.
- Wer sich in redliche Arbeit kniet, kommt nicht in Gefahr, den Kopf zu verlieren.
- Gibt es in unserer Zeit Arbeit, durch die wir uns schuldig machen können?

Mit Hilfe des Bildes von Stankiewicz wird die Schuldfrage noch stärker auf die persönliche Situation bezogen: Es werden Empfindungen beim Anblick des Bildes geäußert.
- Könnte ich der Aufforderung »Do it yourself« folgen?
- Worauf macht mich dieses Bild aufmerksam?

Das Bild wird mit dem Text von Paul Gerhardt (Denk mal nach ..., S. 95) konfrontiert. Welche Einstellung zum Kreuz hat dieser Dichter? Läßt sich der Kreuzestod Jesu auch heute noch mit menschlicher Schuld in Verbindung bringen? Was könnte der Begriff »Gnade« für uns heute bedeuten?

MIT SENIOREN

Das Bild von Stankiewicz und die Liedstrophe von Paul Gerhardt (Denk mal nach ..., S. 95) können dazu anregen, in einer Gruppe in entspannter Atmosphäre über Schuldzusammenhänge im Leben nachzudenken.
Lesen des Textes »Die Hinrichtung« (Denk mal nach ..., S. 94)
- Menschen werden zu Opfern, Scharfrichtern und Zeugen aufgrund eines größeren Schuldzusammenhangs, den sie nicht durchschauen. Gibt es in unserem Alltag noch weitere derartige Schuldzusammenhänge?

Das Bild von Stankiewicz wird gezeigt und etwa ein bis zwei Minuten lang in der Gruppe still betrachtet. Danach kann sich ein Gespräch unter folgenden Gesichtspunkten entwickeln:
- Ist es legitim, so mit einem religiösen (christlichen) Symbol umzugehen?
- Wie nehmen wir Kreuze im Glaubens- und Lebensalltag wahr?
- Der Künstler will durch seine Provokation auf Schuldzusammenhänge aufmerksam machen.
- Inwiefern war ich selber oder meine Generation in Schuld verflochten (z. B. im Dritten Reich)?
- Wie werde ich mit dieser Schuld fertig? Hilft mir der christliche Glaube dabei?

Sollte das Gespräch über politische Schuldverflechtungen in der Vergangenheit sehr intensiv werden, so bietet es sich an, an mehreren Nachmittagen die Geschichte der jeweiligen Region unter diesem Gesichtspunkt zu betrachten.

Paul Gerhardt bittet in der Liedstrophe um Gnade. An das Lesen dieser Strophe könnte sich unter Beachtung der o. g. Zusammenhänge ein Gespräch darüber anschließen, wie Gnade für uns heute aussieht. Der bedingungslos vergebende Gott wird durch das Verzeihen unter Menschen erfahrbar. Gibt es hier Unterschiede zwischen dem privaten und dem politischen Bereich? Paul Gerhardt bittet Gott um den Anblick seiner Gnade. Kann es manchmal nach menschlichem Ermessen nur bei dieser Bitte bleiben?

Der dritte Artikel

Die Verwandlung

Von Verwandlung ist in vielen bekannten Märchen die Rede. Ziel dieser Märchen ist nicht die Verwandlung zum Bösen, sondern zu erstrebenswerten besseren Möglichkeiten. So verwandelt sich der häßliche Frosch in einen schönen Prinzen, und die sieben Raben verwandeln sich in der Gegenwart ihrer Schwester wieder in menschliche Brüder. Für solche Verwandlungen, wie z.B. in diesen beiden Märchen der Brüder Grimm, ist immer eine besondere Kraft nötig, sei es die impulsive Wut der Königstochter oder die opferbereite Liebe der Schwester.

Auch in unserem alltäglichen Leben möchten wir manches verändern und nicht selten uns selber verwandeln. Aber wie schwer es ist, ein neues Leben zu beginnen, erfahren wir oft schon bei kleinen Änderungsversuchen. Woher bekommen wir die Kraft zur Verwandlung?

Martin Luther traut Gottes Geist solche verändernde Kraft zu. »Ich glaube, daß der Heilige Geist mich neu macht und verändert«, sagt er in seiner Erklärung zum dritten Glaubensartikel. Luther hat dabei keine märchenhafte Zauberei im Blick, sondern eine Kraft, die verbindet mit Gott und den Menschen.

Von dieser Kraft des Heiligen Geistes berichtet die Pfingstgeschichte (Apg 2, 1 – 36). Die Hoffnung der Jünger hatte sich mit dem Tode Jesu in Nichts aufgelöst. Hinter verschlossenen Türen kamen sie jetzt zusammen und wagten sich nicht mehr unter Menschen. Aber weil bei Jesus selber eine Verwandlung vom Tod zum Leben stattgefunden hat, darum sollten auch seine Jünger daran teilhaben. Gottes feuriger Geist entzündete ihnen Geist und Herz. Aus verschlossenen, ängstlichen wurden offene, mutige und spontane Menschen. Sie redeten anders, als es ihnen nach dem Tode Jesu möglich war, in einer neuen, hoffnungsvollen Sprache, die von Menschen aus aller »Herren« Länder verstanden wurde. Es entstand die Kirche, weil immer mehr Menschen sich begeistert verwandeln ließen. Sie alle wurden im Heiligen Geist wiedergeboren zu einer lebendigen Hoffnung. Kann Gottes Geist auch heute noch verwandeln, die Sprachgrenzen überwinden und zu einem Leben in Frieden und Gerechtigkeit befreien? Wo sind die Verwandelten, Geistbegabten heute? Vielleicht sind es die Spontanen, die aus dem Rahmen fallen, die uns aus dem Trott bringen, die Ängste benennen, wo sich alle in Sicherheit wiegen. Welchem Zeitgeist folge ich? Wes Geistes Kind bin ich? Der Heilige Geist will mich ermutigen zu meinem eigenen Leben mit Gott und seiner Schöpfung.

MIT KONFIRMANDINNEN UND KONFIRMANDEN

■ Überblick über die Arbeitsschritte

1. STUNDE: 1. Guter Geist und schlechter Geist
2. Was Gottes Geist vermag
2. STUNDE: 3. Fortsetzung: Was Gottes Geist vermag
4. Ich möchte mich ändern
5. Andere verändern mich

Absicht

Die Konfirmandinnen und Konfirmanden sollen erkennen, daß mit »Geist« eine Lebenshaltung gemeint ist. Menschen können sich verwandeln, je nachdem, welcher Geist sie bestimmt. Wie wird eine solche Verwandlung möglich, und welche Lebenshaltung zeigen Menschen, die von Gottes Geist bestimmt sind?

Material

Außer den Seiten 110-111, 216-221 in »Denk mal nach ...« werden benötigt:
- Plakatbögen und Filzschreiber
- Eine lange Reihe von Püppchen aus verschiedenfarbigem Tonpapier (können u.U. von der Gruppe selber hergestellt werden)

Zeit

2 x 45 Minuten

Verlauf

1. STUNDE

1. Guter Geist und schlechter Geist

Der Begriff »Heiliger Geist« ist für Konfirmanden relativ abstrakt. Schon eher können sie sich etwas unter einem guten Geist vorstellen und ihn von einem schlechten Geist unterscheiden.

Gruppenarbeit: »Einige von euch bekommen jetzt ein Plakat mit der Aufschrift »guter Geist«, andere mit der Aufschrift »schlechter Geist«. Bitte überlegt in eurer Gruppe, was der gute und was der schlechte Geist tun kann. Schreibt es auf euer Plakat.«

Die wichtigsten Gruppenergebnisse werden an der Tafel zusammengetragen.
Diese Methode erlaubt es, Wirkungen des Geistes zu erfassen, die für die Jugendlichen selber naheliegen.

2. Was Gottes Geist vermag

Der/die Unterrichtende liest die Geschichte »Seelenrettung« vor. Die Gruppe wird aufgefordert, die Geschichte bewußt mit dem bisher gewonnenen Vorverständnis zu hören. Die Geschichte kann helfen, daß die gefundenen

Assoziationen in ihrem Bedeutungsgehalt deutlich werden:
- Was hat Tito dazu bewegt, sein Leben zu ändern, und warum wird ihm das so schwer gemacht?
- Was könnte Tito und Augusto zu einem besseren Leben helfen?
- Denkt daran, was wir über den guten und den schlechten Geist gesagt haben. Kam etwas davon in der Geschichte vor?

Den Schritt zur Glaubensaussage wird der/die Unterrichtende selber vollziehen müssen. Die Gruppe wird den Gehalt der Aussage aber jetzt besser verstehen können:
- »All das Gute, was wir aufgezählt haben, kann man ganz allgemein als Vertrauen, Gemeinschaftssinn o. ä. bezeichnen. Im Glauben aber verstehen wir es als eine Wirkung von Gottes Geist. Wir bezeichnen ihn als Heiligen Geist.«

Die Assoziationen zum Stichwort »guter Geist« regen zur kreativen Gestaltung an. Die nachfolgende Methode wurde gewählt, weil sie verbindende Kraft in der Gruppe selber wirksam werden läßt:
Eine lange Reihe von Papierpuppen wird hergestellt, auf die die Gruppe einige Tätigkeiten des guten Geistes schreibt. Vor die Reihe werden einige Papierpuppen mit der Aufschrift »Gottes guter Geist ...« geklebt. Der Satz »Gottes guter Geist verbindet, hilft, heilt, erfreut ...« wird so zugleich veranschaulicht.

2. STUNDE

3. Ich möchte mich ändern

Martin Luther hat einmal gesagt: »Ich glaube, daß der Heilige Geist mich neu macht und verändert!«
- Gibt es Dinge, die du gerne an dir ändern möchtest? Wie könnte das geschehen?
- Würdest du diese Verwandlung mit Gottes Geist in Verbindung bringen?

4. Andere verändern mich

Die Konfirmandinnen und Konfirmanden werden gebeten, sich in die Menschen auf dem Bild (Denk mal nach ..., S. 110 – 111, Erklärungen zur Basisgemeinde s.u. S. 26) hineinzuversetzen:
- Welche Stimmung kommt in ihren Gesichtern zum Ausdruck? Wie kommt es zu dieser Haltung?
- Könntest du dir vorstellen, eine längere Zeit mit diesen Menschen zusammenzuleben?
- Was könnte sich bei dir verändern, wenn du mit diesen Menschen zusammenlebtest?

Ergänzungen – Alternativen – Hinweise

Die Konfirmandinnen und Konfirmanden führen Interviews bei verschiedenen Mitarbeitern und Gruppen der Gemeinde durch. Sie fassen ihre Ergebnisse in einem Steckbrief von verschiedenen Personen der Gemeinde zusammen. Wurde bei der Erkundung etwas von Gottes gutem Geist deutlich?

Der dritte Artikel

Gerechtigkeit – Aufgabe für die Gemeinschaft der Heiligen

Im Glaubensbekenntnis sprechen wir unsere Überzeugung aus, daß Gottes Geist heute unter uns wirksam ist, daß er uns zusammenführt in eine »heilige, christliche Kirche, die Gemeinschaft der Heiligen«. Worin aber besteht diese Heiligkeit der Kirche? Luther hat auf diese Frage geantwortet: »Diese Heiligkeit besteht nicht in Chorhemden, Platten (Tonsuren), langen Röcken und ... anderen Zeremonien.« (Denk mal nach ..., S. 112) Im Zusammenhang seiner Theologie hat Luther gezeigt, daß die Heiligkeit auch nicht durch fromme Werke und gute Taten zustandekommt, sondern sie besteht »im Wort Gottes und im rechten Glauben« (Denk mal nach ..., S.112). Das durch den Geist Gottes hervorgebrachte, gemeinsame Vertrauen auf Gottes Zusage, dies allein macht Menschen zu Heiligen und führt sie zur Gemeinschaft der Kirche zusammen. Aber eine solche gemeinsame Glaubensüberzeugung hat Konsequenzen für das Verhalten. Der Heilige Geist fordert uns Christen nach Luther auch zu einem bestimmten Handeln auf: »Er ruft mich, Jesus Christus zu bezeugen ...« (Denk mal nach ..., S. 111). Die Kirche als Gemeinschaft der Heiligen ist nichts anderes als eine Gemeinschaft von Menschen, die Jesus nachfolgen wollen. Sie entsteht dort, wo Menschen im Namen Jesu nicht nur reden, sondern auch handeln.

Eine große Herausforderung für das Verhalten der Christen in unserer modernen Welt ist die Frage der Gerechtigkeit. Die Güter dieser Erde sind ungerecht verteilt, denn die reichen Länder haben das Gefühl für das rechte Maß verloren. Das ist der Mangel, an dem sie leiden, mitten im Überfluß. Wir Christen in den reichen Ländern sind davon nicht ausgenommen. Mit dem Unterschied von Armut und Reichtum in der Welt hängt die Zerstörung von Leben zusammen. Durch Armut wird das Leben von Menschen und anderen Geschöpfen zerstört, die diese Zustände nicht verschuldet haben und die sich allein nicht helfen können. Diese ungleiche Verteilung der Güter und Lebenschancen bringt die Welt aus dem Gleichgewicht. Aber dieser Zustand ist kein bloßes Schicksal, sondern kann verändert werden. Kirche als Gemeinschaft der Heiligen, das sind wir selbst. Wir sind für das Reden und Handeln der Kirche mitverantwortlich, und wir sind in ihr verbunden mit anderen Christen in ärmeren Ländern der Erde. In diesem Zusammenhang gibt es viele Wege, Gerechtigkeit gemeinsam zu verwirklichen.

MIT KONFIRMANDINNEN UND KONFIRMANDEN

■ Überblick über die Arbeitsschritte

1. STUNDE:
   1. Wie alles zusammenhängt
   2. Menschen in Übersee, mit denen wir verbunden sind

2. STUNDE:
   3. Fortsetzung: Menschen in Übersee, mit denen wir verbunden sind
   4. Kleine Schritte zur Gerechtigkeit

Absicht

Die Konfirmandinnen und Konfirmanden sollen anhand eines exemplarischen Konfliktes erkennen, was wirtschaftliche Abhängigkeit der armen von den reichen Ländern bedeutet, und dies als eine Herausforderung für die Kirche verstehen, sich im Glauben zu bewähren.
Sie sollen Wege erproben, sich für mehr Gerechtigkeit einzusetzen, und darin eine Form christlich-kirchlicher Gemeinschaft erleben.

Material

- Brief einer Schulklasse (Denk mal nach ..., S. 156-157)
- Verschiedene Informationsmaterialien von ›Brot für die Welt‹, Material über die außereuropäische Partnergemeinde der jeweiligen Kirchengemeinde oder über einen Partner-Kirchenkreis.

Zeit

2 x 90 Minuten

Verlauf

1. STUNDE

1. Wie alles zusammenhängt
Der Brief *an eine Schulklasse* über die Problematik der kirchlichen Kollekte und das Teilen wird in der Konfirmandengruppe gelesen. Um zu verdeutlichen, daß wirtschaftliche Verflechtungen ungerechte Verhältnisse hervorbringen, wird eines der im Brief genannten Beispiele anhand von Informationsmaterial vertieft. Eine Vertiefung des Beispiels »Teeproduktion in Sri Lanka« könnte etwa folgendermaßen aussehen: Der/die Unterrichtende liest das Buch »Teegrün ist mein Land«[1] vor und zeigt die entsprechenden Bilder dazu. Dieses Buch schildert die Situation der Teepflückerinnen in Sri Lanka anhand der Geschichte einer Familie.

Nach der Lektüre wird Informationsmaterial zu wichtigen Seiten des Buches an Kleingruppen verteilt, die es unter folgenden Gesichtspunkten bearbeiten:

---
[1] **Beatrice Ingermann, Teegrün ist mein Land, Ein Mädchen aus Sri Lanka erzählt,** terre des hommes – Hilfe für Kinder in Not und Brot für die Welt (Hg.), Jugenddienst-Verlag, Wuppertal 1984.

- Was erfahren wir über die Lage der Teepflückerinnen allgemein, und was erfahren wir über die Gründe ihrer Armut?
- Wie ließen sich diese Probleme bewältigen?

Die Arbeitsergebnisse der Kleingruppen werden im Plenum vorgetragen.

2. Menschen in Übersee, mit denen wir verbunden sind

Der/die Unterrichtende stellt in der Konfirmandengruppe die Partnergemeinde bzw. den Partnerkirchenkreis aus einem Land in der Zwei-Drittel-Welt vor. Dabei sollte besonders berücksichtigt werden, wovon die Menschen dort leben. Danach stellen die Konfirmandinnen und Konfirmanden Fragen zusammen, die sie im Blick auf die Situation der Kinder und Jugendlichen in der Partnergemeinde interessieren. Sie schreiben einen Brief an eine Bezugsperson in der Partnergemeinde (etwa den Pfarrer), in den diese Fragen eingehen.

Bis der Brief beantwortet ist, wird einige Zeit vergehen. In dieser Zeit könnte weiteres Informationsmaterial gesammelt werden über das Land, in dem die Partnergemeinde liegt. Die Materialien und der Antwortbrief werden ausgewertet unter den Gesichtspunkten:
- Was erfahren wir über die Situation der Kinder und Jugendlichen in unserer Partnergemeinde?
- Was erfahren wir über ihren Glauben und ihre Kirche?
- Was könnten europäische Jugendliche/wir Konfirmanden von ihnen lernen?
- Wo liegen ihre Schwierigkeiten? Gibt es für uns Möglichkeiten, ihnen zu helfen?

Die Arbeitsergebnisse werden in einem Informationsblatt zusammengefaßt, das in der anschließenden Aktion Verwendung findet.

2. STUNDE

3. Kleine Schritte zur Gerechtigkeit

Die Konfirmandengruppe könnte ein kleines Projekt zugunsten der Kinder und Jugendlichen in der Partnergemeinde organisieren. Dazu wird ein Produkt eingekauft, das einen deutlichen Bezug zur Lebensweise der Partnergemeinde hat. Dies kann Tee oder Kaffee sein oder Gegenstände aus dem Kunsthandwerk der jeweiligen Region. Solche Produkte können etwa über die »gepa«[2] zum Weiterverkauf bezogen werden. Wichtig ist, daß dabei deutlich wird, unsere Partnergemeinde ist nicht nur Empfängerin unserer Hilfe, sie hat uns auch etwas zu bieten, das aus dem Bereich ihrer Kultur kommt. Die Produkte werden etwa nach den Gottesdiensten zu einem höheren Preis an die Gemeinde verkauft. Der Erlös geht an die Kinder und Jugendlichen der Partnergemeinde, über deren Situation die Konfirmandinnen und Konfirmanden bei dieser Gelegenheit auch die eigene Gemeinde informieren.

Der Verkaufsstand könnte dekoriert werden mit Text-Bild-Plakaten zum Luther-Zitat »Gottes Gaben reichen aus für alle Menschen« (Denk mal nach ..., S. 155) oder zum dritten Artikel: »Ich glaube an den Heiligen Geist, die heilige christliche Kirche, Gemeinschaft der Heiligen«

MIT JUGENDLICHEN

Das Lied »Das könnte den Herren der Welt ja so passen ...« (Denk mal nach ..., S. 178) macht darauf aufmerksam, daß die Vertröstung auf eine Gerechtigkeit erst nach dem Tode im Grunde ein unchristliches Motiv ist. Es ruft im Namen des Osterglaubens zum Aufstand gegen ungerechte Verhältnisse und zur Verwirklichung von Gerechtigkeit schon in diesem Leben auf. Allerdings kann sich dieser Aufruf auch gegen die Menschen in den reichen Ländern richten. Möglicherweise interessiert sich eine Jugendgruppe in der Gemeinde für diese Zusammenhänge.

In Lateinamerika setzen sich christliche Basisgemeinden – motiviert durch ihren Glauben – selbst für die Verwirklichung gerechterer Lebensverhältnisse ein. Die Jugendlichen könnten sich einen Einblick in das geistliche Leben und das politische Engagement dieser Basisgemeinden verschaffen.[3]

Was ist davon auf unsere Situation übertragbar?

---

2 Gepa mbH (Gesellschaft zur Partnerschaft mit der Dritten Welt), Postfach 260, 58315 Schwelm.

3 Über lateinamerikanische Basisgemeinden gibt es einiges an Literatur. Für die Jugendarbeit sind z.B. folgende Materialien geeignet:
– Welche Rolle die Basisgemeinschaften bei der Veränderung haben
– Wie sich die Basisgemeinden auf den Weg gemacht haben
– Wie die Indios (und wir) die Bibel sehen
In: Indios im Hochland von Peru und Bolivien, Misereor Materialien für die Schule Nr.13. Bischöfliches Hilfswerk Misereor e.V., Mozartstr. 9, 5100 Aachen.
Ernesto Cardenal, Das Evangelium der Bauern von Solentiname, Wuppertal 1980.
Ernesto Cardenal, Heimweh nach der Zukunft, Bilder und gute Nachricht aus Solentiname, Wuppertal 1981.
Schallplatte: Misa Campesina Nicaraguense, Carlos Mejia Godoy y El Taller de Sonido Popular, CBS-Discos, CBS S.A.-Avda.Generalisimo, 25 Madrid – 16,S 82049.

BASISGEMEINDEN IN LATEINAMERIKA

☞ **Im Jahr 1978 erzählt Ernesto Cardenal** rückblickend von der Gründung der Basisgemeinde von Solentiname, einer Inselgruppe im Großen See von Nicaragua: »Vor zwölf Jahren bin ich mit zwei Freunden nach Solentiname gekommen, um dort eine kleine kontemplative Gemeinschaft zu gründen. Kontemplation heißt hier Vereinigung mit Gott. Bald wurden wir uns darüber klar, daß diese Vereinigung mit Gott uns zuerst dahin führte, auch mit den Inselbewohnern eins zu sein, armen Bauern, die verstreut an den Ufern des Sees lebten. Bald darauf bekam unsere Gemeinschaft auch einen politischen Inhalt: die Kontemplation führte uns zur Revolution. Und so muß es sein. Andernfalls wäre es eine Farce gewesen.«[4]

Diese Äußerung bringt ein wichtiges Anliegen der Basisgemeinden zum Ausdruck, die in den letzten 30 Jahren in den Ländern Lateinamerikas entstanden sind: die Verbindung von christlichem Glauben und Gemeinschaftsleben mit dem Streben nach sozialer Gerechtigkeit. Die Mehrheit der Bewohner Lateinamerikas ist tief religiös und lebt zugleich in großer Armut als abhängige Landarbeiter oder als Bewohner der Slums in den großen Städten. Immer wieder jedoch haben die Landarbeiter, die Campesinos, ihre Rechte gegen die Willkür der Großgrundbesitzer verteidigt, indem sie sich zusammenschlossen. Sie haben Wege gefunden, sich selbständig zu organisieren und sich um die Angelegenheiten ihrer Gemeinden selber zu kümmern. Kraft und Hoffnung für dieses Handeln finden solche Basisgemeinschaften vielfach im christlichen Glauben. Auf der Grundlage des Evangeliums versuchen sie, ihre Wirklichkeit zu verstehen, wie umgekehrt der aktive Kampf für die Rechte der Armen auch zu einem neuen Verständnis der Frohen Botschaft und der Nachfolge Jesu Christi führte. Grundlegend ist dabei die Bestärkung in der Erkenntnis, daß Gott auf der Seite der Armen steht. Männer und Frauen in den Basisgemeinden identifizieren sich mit der Unterdrückung und Befreiung des auserwählten Volkes der Israeliten aus Ägypten. Sie fühlen sich in ihrer Situation von den Worten der Psalmen und Propheten direkt betroffen. Jesus von Nazareth mit seiner Barmherzigkeit mit den Armen, seinem Ruf zur Umkehr, seiner Predigt vom Reich Gottes, das schon begonnen hat, und seinem tragischen Kreuzestod erfahren sie als Bruder in ihrer eigenen Geschichte. Diese Gedanken werden in Basisgemeinden im Gottesdienst in Gesprächen über das Evangelium frei ausgetauscht.

Auf diese Weise wollen die Basisgemeinden auch zu einer Erneuerung der Kirche beitragen, zu einer einfachen, lebendigen und geschwisterlichen Kirche, zu der die Armen einen Zugang haben und die ein wahrhaftiges Zeugnis vom Reich Gottes ablegt. Welche Anliegen und welche Atmosphäre die Gespräche und Zusammenkünfte der Basisgemeinden bestimmen, wird auch europäischen Lesern deutlich in dem von Ernesto Cardenal aufgezeichneten Evangelium der Bauern von Solentiname oder in dem aus einer Basisgemeinde in den peruanischen Anden hervorgegangenen Katechismus »Vamos Caminando«.[5] Die Verkündigung der Basisgemeinden theoretisch zu formulieren und zu systematisieren, ist ein Anliegen der lateinamerikanischen Befreiungstheologie. Durch das Einwirken konservativer Kräfte im Staat und in der katholischen Kirche haben allerdings sowohl diese Theologie als auch die Gemeinden selbst in den letzten Jahren harte Rückschläge erlitten.

---

[4] **Zit. Dietrich Steinwede, Revolution ist Liebe – Ernesto Cardenal,** In: Dietrich Steinwede, Renate Schupp (Hg.), Unbeirrbar – Lebensbilder von Frauen und Männern des 20. Jahrhunderts, Lahr/Kevelaer, 2. Aufl. 1992, S. 36.

[5] 3. Aufl. Münster 1983.

Der dritte Artikel

Erinnern und nicht vergessen

vergiftet. Der Geist Gottes macht uns dagegen stark und tröstet uns über Unzulänglichkeiten hinweg. Er erinnert uns an die »Gemeinschaft der Heiligen«. Da stehen oder gehen wir, hinterher, voran, werden getragen und nehmen mit, wen wir können.

Matt Herron »Names-Projekt«,
USA Sausalito, Californien

Der Geist Gottes ist ein »Heiligmacher«.[1] Das ist sein »Ampt«[2] sein Beruf, sein Leben, seine Passion. Er sprengt unsere Grenzen und bringt uns zu Jesus Christus, zu dem wir von uns aus nie kämen. Ein langer Weg, auf dem uns der Geist macht, »wie sein Name ist«[3] Heilig.

Das geschieht auf mannigfache Weise und bei jedem anders, sicher aber auch so, daß der Heilige Geist uns an Gott und die Welt »erinnert«. Er läßt uns an die Dinge denken, die wir aus Bequemlichkeit, Hartnäckigkeit, Dummheit, manchmal auch aus Angst vergessen wollen. Er erinnert nicht allein an die Wunder Gottes, sondern fast mehr noch an die vielen kleinen »Wunder«, die uns durchaus möglich sind. Er wirbt mit der Liebe Gottes und zeigt, wie wir sie in unserem Leben spiegeln können. Er nähert sich mit der Vergebung Gottes und bringt uns die nahe, die schon lange auf ein vergebendes Wort Gottes warten. Er hält uns den Spiegel vor, in dem wir uns nicht mehr selbst erkennen, sondern die Menschen, die auf uns warten.

Der Heilige Geist ist ein ständiger Unruheherd in unserem Leben. Er schützt uns davor, daß wir es uns zu unserem Schaden bequem machen, Gott und Mensch verdrängen, verraten, vergessen, anderen überlassen oder auch nur auf morgen vertagen. Daß er dabei eben nicht drohend den Zeigefinger hebt, unterscheidet ihn vom Satan, der sich in allen möglichen Verkleidungen in unser Leben einmischt. Der ist es, der uns mit Moral und schlechtem Gewissen

MIT KONFIRMANDINNEN UND KONFIRMANDEN

■ **Überblick über die Arbeitsschritte**

1. STUNDE:
 1. Bilderwahl zum Thema »Vergessen«
 2. Eine »Wand des Vergessens« gestalten
 3. Gespräch vor der Wand des Vergessens
 4. Ein Abschluß

2. STUNDE:
 5. An die vorangegangene Stunde erinnern
 6. Spuren des Erinnerns in der eigenen Gemeinde suchen
 7. Woran uns »Eddy« erinnert
 8. Ein Abschluß

Absicht

Aus dem eigenen, wie dem öffentlichen Bewußtsein werden häufig ausgerechnet die Menschen (Gruppen, Völker, Dinge, Zustände, Prozesse) verdrängt, die dringend Aufmerksamkeit brauchten. Konfirmandinnen und Konfirmanden sollen sich dieser Tatsache in exemplarischen Fällen stellen, Gründe dafür suchen und das Problem unter individuellen wie gesellschaftsbezogenen Fragestellungen betrachten.

In diesen Zusammenhang soll der Begriff »Gemeinschaft der Heiligen« eingeführt, gefüllt und mit Blick auf die institutionelle Kirche kritisch befragt werden.

Steht mehr Zeit zur Verfügung, z.B. ein KU-Tag oder ein KU-Wochenende, können Konfirmandinnen und Konfirmanden Ideen zu einem »Erinnerungsprojekt« sammeln und es (ggf. mit anderen Gemeindegruppen) ausführen, in dem durch öffentliches »Erinnern« gegen das »Vergessen« angegangen wird. Auf diese Weise kann der Zuspruch und Anspruch der Kirche, »Gemeinde der Heiligen« zu sein, vertieft und gemeindepädagogisch entfaltet werden.

Skizze Erinnerungsprojekt

1. Einstimmung
2. Checkliste der Arbeitsschritte
3. Gestaltungsvorschläge
4. Ein Zeitplan

---

1 **M. Luther, Großer Katechismus,** Die Bekenntnisschriften der evangelisch-lutherischen Kirche, Göttingen 1982, S. 654.
2 **Ebd. S. 653.**
3 **Ebd. S. 654.**

Material

- Bildersammlung (Variante A)
- Für je 2 Partner ein Buch »Denk mal nach... (Variante B)
- Packpapier, Klebeband
- Papierstreifen für Bildunterschriften
- Wachs- oder Filzstifte
- Notizzettel und Kugelschreiber
- OH-Projektor
- M 1 Folie »Eddy«
- Material für ein »Erinnerungsprojekt«

Vorbereitungen

- »Wand des Vergessens«: Je nach Größe der Gruppe 1-2 Bahnen Packpapier ca. 1,5m lang an einer freien Stelle der Wand anbringen.
- Für Variante B Lose mit den im Kasten genannten Seitennummern anfertigen.
- Die Folie »Eddy« so abdecken, daß zunächst nur die Hände zu sehen sind.

Zeit

2 x 60 Minuten

Ein Wochenende oder mehrere weitere Stunden zur Durchführung eines »Erinnerungsprojekts«.

Verlauf

1. STUNDE

1. Bilderwahl zum Thema »Vergessen«

Der/die Unterrichtende kann z.B. so ins Thema einführen:
- Es gibt Dinge, an die man oft und gerne denkt, und Dinge, die man vergessen möchte. An Menschen, die man lieb hat, denkt man z.B. gerne. Eine Fete, auf die ihr euch freut, werdet ihr nicht verschwitzen. Aber: Ihr seid z.B. ganz froh, wenn ihr an eine bevorstehende Klassenarbeit gerade nicht denken müßt. Die meisten Menschen sind froh, wenn sie eine ungeliebte Arbeit verschieben können. Politiker vergessen immer wieder ihre Wahlversprechen. Bestimmte Probleme werden nicht gelöst, sondern vertagt und damit erst einmal vergessen. Denkt nur an das Ozonloch und die anderen Umweltprobleme. Menschen werden abgeschoben, versetzt, kaltgestellt, beschuldigt und diffamiert. Sie verschwinden aus dem Blickfeld und werden dann vergessen.

Ich möchte mit euch über das gewollte und das ungewollte Vergessen nachdenken, warum das so ist oder so gemacht wird, und was man dagegen tun kann.

▼ **VARIANTE A**

Bilderwahl aus einer Sammlung (Einzelarbeit)

- Ich habe eine Fotosammlung mitgebracht. Seht euch die einzelnen Fotos bitte in Ruhe an. Macht euch auf Bilder aufmerksam, die euch gefallen oder euch auch erschrecken. Fragt eure Nachbarn, wenn ihr etwas nicht versteht. Sicher werdet ihr beim Anschauen auch Bilder finden von Menschen, von Tieren, Pflanzen oder anderen Dingen, an die keiner mehr denkt, die also vergessen worden sind. Sucht euch das Bild aus, das euch am stärksten berührt. Wenn alle ein Bild gefunden haben, können wir weitermachen.[4]

Die Bilder werden in der Mitte eines Stuhlkreises oder auf dem Tisch ausgebreitet. Es soll genügend Zeit bleiben, um auch Nebengespräche zuzulassen.

VARIANTE B

Kommentierung einiger Bilder aus »Denk mal nach ...« (Partnerarbeit)[5]

Folgende Bilder bieten sich an:	
– S. 52- 53	Brandrodung
– S. 54- 55	Hungernder in der Grube
– S. 56- 57	EG-Überschuß
– S. 96- 97	Selbstbildnis mit Judenpaß
– S. 158	Neue Armut
– S. 160-161	Die Nacht
– S. 168-169	Das Rattenopfer
– S. 174-175	Großer Heldenmut

- Ich habe aus unserem Buch einige Bilder ausgesucht. Alle Bilder haben eines gemeinsam: Sie zeigen Dinge, vor denen wir (eure Eltern, unsere Politiker, Wirtschaftsmanager, ...) gerne die Augen zumachen oder in der Vergangenheit die Augen zugemacht haben. Daran will niemand so gerne erinnert werden. Vielleicht wird es euch erschrecken. Vielleicht werdet ihr das Bild nicht gleich verstehen. Manchmal ist es hilfreich, den Text zu lesen, den ihr um das Bild auf der Seite findet
Die Seitennummern, auf denen ihr die Bilder findet, habe ich auf Lose geschrieben. Ich werde euch gleich bitten, eine Partnerin oder einen Partner zu suchen und ein Los zu ziehen. Eure Aufgabe ist, euer Bild gemeinsam zu be-

---

[4] Für den Beginn einer eigenen Bildersammlung bieten sich folgende Veröffentlichungen an:
- Fotomappe für Schule und Gemeinde, Katechetisches Amt der Evang.-Luth. Kirche in Bayern, Neue Abtei, 91560 Heilsbronn, Tel.: 09872/406
- 32 Bilder für Schule und Kirche, Pädagogisch-Theologisches Institut Nordelbien, Arbeitsstätte Kiel, Gartenstr. 20, 24103 Kiel, Tel.: 0431/51341
- Sprechende Bilder 1, Religionspädagogische Arbeitsstelle, Domsheide 1, 28195 Bremen

Dieser Grundstock läßt sich einfach durch gute Fotokopien ergänzen. Es hat sich bewährt, jedes Foto in eine Klarsichthülle zu stecken und in einem Ordner aufzubewahren. Die Bilder sind so geschützt und schnell zur Hand.

[5] Für kleinere Gruppen ebenfalls Einzelarbeit. Es muß die entsprechende Anzahl Bücher vorhanden sein.

▼ trachten und miteinander darüber zu sprechen. Nachher werdet ihr euer Bild den anderen vorstellen.
In einigen Minuten werde ich ein Plakat an die Wand kleben, auf dem ihr lesen könnt, wie das gehen soll.

Partner/ Partnerin wählen und Lose ziehen lassen, für Rückfragen zur Verfügung stehen.

2. Eine »Wand des Vergessens« gestalten
Wenn alle ein Foto in den Händen halten, bzw. die Arbeit an den Bildern im Buch sich dem Ende nähert, folgendes Plakat an der Wand anbringen (Kleberöllchen):[6]

> Auf dem Bild ist zu sehen ...
> Wenn das Bild reden könnte, z.B.
>   »Ich bin (Wir sind) vergessen worden von ...« oder
>   »Ich bin (Wir sind) vergessen worden, weil ...«
> Ein Bildtitel könnte sein ...

Die Konfirmandinnen und Konfirmanden werden gebeten, ihr Bild auf diese Weise vorzustellen und zusammen mit dem Bildtitel auf die »Wand des Vergessens« zu kleben. Es kann z.B. der linke Nachbar gebeten werden, mit der Vorstellung anzufangen.[7]

Ist die Variante B gewählt worden, können die Bilder aus dem Unterrichtsbuch mit einem Stichwort an die »Wand des Vergessens« geschrieben werden; der jeweilige Bildtitel wird dann daneben geklebt.

3. Gespräch vor der Wand des Vergessens
Folgende Gesichtspunkte können bedacht werden:
- Findet ihr Situationen oder Motive, die mehrmals auftauchen?
- Könnt ihr Gesichtspunkte nennen, nach denen sich die Bilder ordnen ließen?
- Entdeckt ihr auch Dinge, die »aus dem Rahmen« fallen?
- Ich suche nach Gründen für das »Vergessen«, das eure Bilder zeigen (Zufall, Absicht, Faulheit, Schwäche, Plan) ...
- Profitiert möglicherweise jemand davon, daß bestimmte Dinge vergessen werden?
- Manchmal möchte man gerne »vergessen«, was gewesen ist...
- Es gibt sicher auch Dinge, die ihr selber gerne vergessen möchtet ...
- Fallen euch auch Situationen aus der Geschichte ein, in denen man »vergessen« wollte?
- Was darf man vergessen? Was darf man auf keinen Fall vergessen?
▼

---

6 Dazu Klebeband mit der Klebeseite nach außen zusammenrollen, Bilder und Bildtitel mit diesen Röllchen festkleben.
7 Die in allen Gruppen schwierige Frage, wer denn nun anfängt, läßt sich mit Konfirmandinnen und Konfirmanden z.B. auf folgende Weise lösen: Es wird gefragt, wer als nächster Geburtstag hat. Das kommende Geburtstagskind darf sich dann aussuchen, wer anfangen soll. Jeder, der die Aufgabe erledigt hat, darf bestimmen, wer weitermacht.

▼
- Kann man sich gegen das Vergessen wehren? Und wie macht man das?
- Es gibt Menschen, Vereine, Institutionen, die sich in besonderer Weise gegen ein »Vergessen« von Menschen (Strukturen, Herrschaftsmechanismen, Problemen usw.) wehren ...
- Was tut die Kirche (unsere Gemeinde) gegen das »Vergessen«?
- Ist das viel? Oder zu wenig?
- Fällt euch eine Geschichte ein, in der Jesus sich um jemanden kümmerte, der im Abseits stand, nicht gesehen oder einfach vergessen wurde? (Der Gelähmte am Teich Bethesda und andere Heilungsgeschichten, barmherziger Samariter, Zachäus...).

4. Ein Abschluß
- Stellt euch vor, ihr habt einen Freund/eine Freundin aus einem fernen Land zu Besuch. Er oder sie käme jetzt herein, um euch abzuholen. Natürlich fällt da diese »Wand des Vergessens« ins Auge. Ich könnte dazu erklären: ›Damit haben wir uns eine wichtige Aufgabe unserer Kirche klargemacht.‹ Hm! Auf dem Nach-Hause-Weg werdet ihr dann aber noch einmal gefragt, was es mit »Kirche« und »nicht vergessen« denn auf sich hat. Natürlich wollt ihr euch um eine Antwort nicht drücken. Seht euch jetzt noch einmal euer Bild an der »Wand des Vergessens« an und den Bildtitel, den ihr gefunden habt. Ich werde jetzt Notizzettel und Kugelschreiber austeilen. Ihr schreibt in einem Satz auf, was ihr eurem Freund/eurer Freundin antworten könntet.
- Zettel einsammeln und für die nächste Stunde aufheben.

2. STUNDE

5. An die vorangegangene Stunde erinnern
Die Gruppe versammelt sich in der Kirche. Eine Konfirmandin/ein Konfirmand/ein Mitglied des KU-Teams wurde vorher gebeten, sich die Zettel mit den Ergebnissen aus Pkt. 4 der letzten Stunde anzusehen. Diese Sätze sollen zu Beginn vorgelesen werden. Der/die Unterrichtende kann diese Erinnerung und Einstimmung nach der Begrüßung wie folgt einleiten:
- Im Glaubensbekenntnis, das jeden Sonntag im Gottesdienst gesprochen wird, steht auch ein Satz über die Kirche. Er lautet: ICH GLAUBE AN DEN HEILIGEN GEIST, DIE HEILIGE, CHRISTLICHE KIRCHE. Ich möchte jetzt diesen »alten« Satz mit euren »neuen« Sätzen über die Kirche aus der letzten Stunde verbinden. Wir alle werden zusammen den alten Satz sprechen, NN wird dann einen eurer Sätze vorlesen, dann sprechen wir wieder den Satz aus dem Glaubensbekenntnis usw. Habt ihr verstanden, wie ich es meine? Dann können wir anfangen.
▼

MIT KONFIRMANDINNEN UND KONFIRMANDEN | 31

▼ Der Höreindruck kann anschließend mit folgenden Fragestellungen festgehalten werden:
- Wie hört sich das an?
- Ist Euch beim Hören etwas aufgefallen?
- Wenn man das Glaubensbekenntnis immer so spräche ...

6. Spuren des Erinnerns in der eigenen Gemeinde suchen

Mit folgenden kleinen Aktionen können Konfirmandinnen und Konfirmanden entdecken, wo und wie sich in der eigenen Gemeinde »Erinnerung gegen das Vergessen« realisiert:

- Spurensuche in der Kirche. Der Kirchraum wird unter dem Blickwinkel betrachtet, ob und inwiefern er dazu dient, die Menschen zu »erinnern« (z.B. Opferbüchse, Kruzifix, Bilder, Altar, Kerzen, Gedenktafeln).

- Spurensuche im Gottesdienst. Besonders Fürbittengebet, Kollekte und Abkündigungen des letzten Gottesdienstes können analysiert werden. Vielleicht kann die Konfirmandengruppe dem Gemeindekirchenrat einen Kollektenzweck vorschlagen. Der Gemeindekirchenrat könnte die Konfirmanden dann zur nächsten Sitzung einladen und mit ihnen das Anliegen besprechen.

- Spurensuche im Gemeindeblatt.

Einsichten und Ergebnisse werden festgehalten. Zur Weiterarbeit geht die Gruppe dann in den üblichen KU-Raum.

7. Woran uns »Eddy« erinnert

Wenn die Konfirmandinnen und Konfirmanden den Raum betreten, ist der OH-Projektor bereits aufgebaut, die Folie bis auf die Hände abgedeckt. Auf einem Wandplakat neben der »Wand des Vergessens« steht in großen Buchstaben: GEMEINSCHAFT DER HEILIGEN.

Gesprächsanregungen zur Auswahl:
- Was habt ihr gedacht, als ihr diesen Begriff beim Betreten des Raumes gelesen habt?
- Der Begriff »Gemeinschaft der Heiligen« steht neben der »Wand des Vergessens«.
- Stellt euch einmal vor, die Gemeinschaft der Heiligen betrachtet diese Bilder.
- Nennt Menschen, die ihr zu einer »Gemeinschaft der Heiligen zählen« würdet.
- In dem Glaubensbekenntnis, das wir vorhin in der Kirche gesprochen haben, wird behauptet, die Kirche sei die »Gemeinschaft der Heiligen«. Überrascht euch das? Versteht ihr das? Was tut die Gemeinschaft der Heiligen und was tut sie nicht?

An einer geeigneten Stelle des Gruppengesprächs wird der OH-Projektor angeschaltet.
▼ ■ Hände beschreiben lassen

▼ ■ Wer solche Hände haben könnte ...
■ Was sich wohl auf dem abgedeckten Teil der Folie befindet ...

Die Folie wird aufgedeckt.
- Vergleich mit den ausgesprochenen Erwartungen
- Information
- Dieses Bild ist gewissermaßen ein »Ausstellungsstück«. Es ist ein Tuch, auf das der Name und diese Hände aufgenäht wurden. Eine Ausstellung mit vielen solchen Tüchern wurde tatsächlich an verschiedenen Orten gezeigt. Überlegt einmal, welchen Sinn diese Ausstellung haben könnte.

»Ich will Euch von Eddy erzählen ...«
Informationen über Eddy, die Krankheit Aids, Gespräch über berechtigte und unberechtigte Ängste, berühmte Opfer der Krankheit und Fälle aus dem eigenen Lebensumkreis, erzählen vom »NAMES«-Projekt.[8]
- Gehören Eddy (und andere) zur Gemeinschaft der Heiligen?
- Was ist die Gemeinschaft der Heiligen Eddy schuldig? Äußerungen der Konfirmandinnen und Konfirmanden für den Stundenabschluß auf dem Wandplakat »Gemeinschaft der Heiligen« notieren.

An dieser Stelle wäre Gelegenheit, über Vorurteile und Ängste in der Gemeinde zu sprechen. Manche Gemeinden haben z.B. aufgrund von Ansteckungsängsten beim Abendmahl Einzelkelche eingeführt.
▼

SACHINFORMATIONEN ZU AIDS

☞ AIDS ist die Abkürzung für die englische Bezeichnung »Acquired- Immune-Deficiency-Syndrome«, in deutscher Übersetzung »Erworbenes-Abwehrschwäche-Syndrom«. Die Krankheit wird durch einen Virus verursacht, den man jetzt in der Wissenschaft »Human Immunodeficiency Virus« (HIV) nennt. Zwar führt der Kontakt mit diesem Virus immer zu einer Infektion, aber nicht zwangsläufig zu der Krankheit, die man AIDS nennt. Als AIDS wird nur das charakteristische Syndrom bezeichnet, das zu der durch HIV erzeugten Abwehrschwäche gehört. Der Nachweis der Viren selbst ist sehr aufwendig. Vergleichsweise leicht durchführbar jedoch ist der Nachweis von Antikörpern, die einige Wochen, manchmal aber auch erst Monate nach ei-

---

8 Eddys Geschichte und das NAMES-Projekt in Kurzform findet sich in **Denk mal nach ..., S. 114f.**; ausführlicher: **David Bell, The Quilt-Stories from the NAMES-Projekt,** Pocket-Books, New York.
Kurzinformation über AIDS auf dieser Seite.
Eine weitere, für Jugendliche gedachte Kurzinformation zu AIDS findet sich in: Reinert Hansville, Liebe und Sexualität, München 1992, S. 46-54. Eine ausführliche Behandlung des Themas, Arbeitsmaterial und Literaturhinweise finden sich in: Deutscher Bundesjugendring (Hg.), AIDS, Mappe zum Umgang mit AIDS in der Jugendarbeit, Haager Weg 44, 53127 Bonn.

ner HIV-Infektion im Blut zu finden sind. Die Antikörper beeinflussen den Verlauf der Infektion nicht. Trotz vorhandener Antikörper bleibt – nach heutigem Kenntnisstand – ein mit HIV Infizierter lebenslang ansteckend und die anfänglich teilweise erfolgreiche Immunabwehr wird zumeist auf Dauer unwirksam.

Offensichtlich wird nur ein Teil der Virus-Träger nach der Bildung von Anti-Körpern im eigentlichen Sinne AIDS-krank. Die Inkubationszeit ist aber bei dieser Krankheit extrem lang. Bei den Virus-Trägern, bei denen die Vermehrung der Viren nicht zum Stillstand kommt, stellt sich im Laufe der Zeit eine Schwächung der Immunreaktionen und der Infektabwehr ein. Als Vorläufererkrankungen des Vollbildes von AIDS tritt oft eine allgemeine Lymphdrüsenschwellung auf. Bei der Vollerkrankung treten weitere unspezifische Krankheitszeichen hinzu (extremer Gewichtsverlust, starke nächtliche Schweißausbrüche, Fieberschübe). Vermutlich sterben in allen Fällen der Vollerkrankung an AIDS die Patienten.

HIV wurde bisher in allen Körperflüssigkeiten gefunden, und Ansteckungen wurden nachgewiesen über Blut und Samenflüssigkeit. Der Kontakt mit diesen beiden Körperflüssigkeiten eines Infizierten ist also praktisch bedeutsam und riskant für Gesunde. Kinder von infizierten Müttern können vor und während der Geburt angesteckt werden. Ein hohes Infektionsrisiko gehen Drogenabhängige ein, die ungereinigte Spritzbestecke untereinander tauschen. Außerdem besteht beim Kontakt von Samenflüssigkeit eines Virusträgers mit dem Blut eines/einer Gesunden ein hohes Infektionsrisiko. Demgegenüber ist das Risiko bei Eingriffen durch den Arzt gering, da HIV durch Desinfektionsmittel sofort abgetötet wird. Das Infektionsrisiko erhöht sich bei bestimmten Sexualpraktiken in Verbindung mit häufigem Partnerwechsel, bei dem sich die Partner nicht so genau kennen können. Deshalb sollten möglicherweise infizierte Personen sich und andere durch Kondome schützen. Denn kein Infektionsrisiko einzugehen, ist zur Zeit die einzige Möglichkeit, sich gegen AIDS zu wehren. Es gibt bisher keine Impfstoffe oder Medikamente, die eine Entwicklung der Krankheit sicher hemmen könnten.[9]

Eine entsprechende Aufklärungsarbeit besonders bei jüngeren Menschen ist ein wichtiger Weg, um der Gefährdung durch AIDS entgegenzuwirken und zugleich unbegründete Ängste abzubauen. Deshalb sollten auch Religionsunterricht, Konfirmandenunterricht und kirchliche Jugendarbeit dieses Thema ansprechen. Über AIDS sollte allerdings erst gesprochen werden, wenn zuvor das Thema Sexualität behandelt worden ist. Dabei können die Unterrichtenden von einer biblisch begründeten Sexualität ausgehen, die in der Liebe gründet und eine Hilfe zum Leben und Lebendigbleiben sein möchte. Sie können sich in diesem Sinne auch für Menschen einsetzen, deren sexuelle Orientierung vom Verhalten der Mehrheit abweicht, und die deshalb oft diskriminiert werden. Von Schutzmaßnahmen gegen AIDS sollte in einer Weise gesprochen werden, die Jugendliche offen informiert, ohne die Krankheit moralisch zu mißbrauchen.

Die Kirche und ein kirchlich verantworteter Unterricht haben zudem die Aufgabe, die Würde und die Menschenrechte der Infizierten und Erkrankten zu verteidigen und die Solidarität mit ihnen zu fördern. In den USA und der Schweiz kümmern sich inzwischen spezielle AIDS-Pfarrer um die Seelsorge und die kirchliche Öffentlichkeitsarbeit. Aber auch in Deutschland sehen viele Krankenhauspfarrer und -pfarrerinnen sowie Mitarbeiter der Diakonie in der Krankheit eine große Herausforderung. Die Nachricht vom positiven Testergebnis trifft die oft noch jungen Patienten wie ein Schlag, und sie sind in dieser Krise dringend auf betreuende Intervention angewiesen. Nach dem ersten Schock gehen viele daran, die letzte Zeit ihres Lebens bewußt zu gestalten. Auch hier sind sie für regelmäßige Gespräche dankbar, wenn sie nach dem ersten Klinikaufenthalt ambulant weiterversorgt werden. Nicht zuletzt benötigen die Angehörigen und Partner der Patienten psychologische Hilfestellung. Oft ist die Angst der Menschen, die mit einem AIDS-Patienten leben, ansteckender als die Krankheit selbst.

▼ **8. Ein Abschluß**
Analog zur Sprechfigur am Anfang der Stunde spricht die Gruppe jetzt gemeinsam jeweils »Gemeinschaft der Heiligen«, eine Konfirmandin/ein Konfirmand/ein Mitglied des KU-Teams nennt daraufhin immer eine der notierten Äußerungen von dem dazugehörigen Plakat.

---
9 Vergl. **Bundeszentrale für gesundheitliche Aufklärung Köln (Hg.), Unterrichtsmaterial zum Thema AIDS,** Ernst Klett Verlag, Stuttgart 1987.

SKIZZE für die Entwicklung eines »Erinnerungsprojektes«

1. Einstimmung
- Sprechfigur vom Ende der letzten Stunde wiederholen und/oder die Folie »Eddy« noch einmal zeigen.
- Einleitung des/der Unterrichtenden:
  »*Mir gefällt die Idee des NAMES-Projekts: mit einer Aktion die Erinnerung an Menschen wachzuhalten, die in Vergessenheit zu geraten drohen. Ich möchte gerne mit euch überlegen, ob wir ein ähnliches ERINNERUNGS-PROJEKT machen können. Wir müßten dazu überlegen, welche Menschen oder Dinge unserer Meinung nach nicht vergessen werden dürfen. Als Anregung haben wir ja schon die »Wand des Vergessens« (bzw. verschiedene Bilder aus dem Buch betrachtet). Vielleicht fallen uns aber noch andere fast vergessene Personen oder Probleme ein. Und wir können Einfälle sammeln, in welcher Form, an welchem Tag und an welchem Ort diese »Erinnerung« geschehen soll.*«

2. Eine Checkliste
- Sammlung von Personen, Problemen und Dingen, an die erinnert werden könnte.
- Entscheidung über die Art und Weise, in der die Erinnerung erfolgen soll.
- Gruppen oder Einzelarbeit?
- Konfirmandinnen und Konfirmanden entscheiden sich für ihr Thema.
- Anfertigung der Erinnerungsstücke.
- Interne Betrachtungsphase durch die Konfirmandengruppe: Die Erinnerungsstücke werden den anderen vorgestellt.
- Eventuell Verbesserungen vornehmen.
- Erläuternde Texte verfassen.
- Die Eröffnung der Aktion planen und vorbereiten (Tag, Zeit, Einladungen, Ablauf, Aufgaben verteilen, proben).
- Abschluß der Erinnerungsaktion überlegen (Gottesdienst, Gemeindevortrag, kleines Fest für die Gruppe).

3. Gestaltungsvorschläge
- Jede Konfirmandin/jeder Konfirmand bemalt ein Stück Stoff (Tuschfarben auf Nessel). Die einzelnen Tücher werden im einfachsten Fall auf der Rückseite mit Klebeband zu einem großen Rechteck zusammengeklebt. Das entstandene große Tuch kann mit Reißzwecken oben an einer Leiste befestigt und in der Kirche aufgehängt werden. In einem besonders gestalteten Erinnerungsgottesdienst wird das Tuch erläutert und bleibt dann einige Zeit in der Kirche hängen. Es kann zur stillen Betrachtung vor und nach Gottesdiensten mit einem erläuternden Text versehen werden.
  Terminvorschlag: Kirchweih
- Zum Thema wird eine Ausstellung im Gemeindesaal (oder in der Kirche) eingerichtet. Die Konfirmandinnen und Konfirmanden fertigen zu zweit oder zu dritt die Ausstellungsstücke an: Kollagen, selbstgemalte Plakate, großgeschriebene Texte auf Packpapier, einfache »Skulpturen« oder »Denkmäler« (z.B. Äpfel aus Ton in einem Müllhaufen für »Überproduktion«, ein leerer Blechtopf für »Hunger«). Es kann eine regelrechte Ausstellungseröffnung mit offiziellen Einladungen, einer kleinen Rede und anschließender Führung geben. Die Ausstellungsstücke werden ebenfalls mit erläuternden Texten versehen.
  Terminvorschlag: Reformationstag. Vielleicht läßt sich daraus ein ökumenisches Projekt mit der katholischen Nachbargemeinde machen. Dann böte sich Allerheiligen zur Ausstellungseröffnung an.
- Sieben unterschiedliche Schaukastengestaltungen für die Passionszeit. Ankündigungen im Gemeindeblatt, wieder mit Eröffnungsgottesdienst.
  Terminvorschlag: Sonntag Invokavit.
- Jede Konfirmandin und jeder Konfirmand verfaßt zu einem gewählten Erinnerungsthema ein kleinen Text. Die einzelnen Texte werden, nach einem entsprechenden Eröffnungsartikel, regelmäßig an einer bestimmten Stelle des Gemeindebriefes (»Erinnerungsecke«) veröffentlicht.

Für die Entwicklung eigener Gestaltungsideen für ein mit Konfirmandinnen und Konfirmanden gestaltetes Erinnerungsprojekt braucht man viel Zeit und Ruhe. Unter Umständen ist es besser, eine konkrete Form vorzuschlagen (z.B. Schaukastengestaltung) und diese dann im Laufe der Diskussion zu verändern.

4. Ein Zeitplan
- 90 Minuten in einer vorangehenden Unterrichtsstunde oder auch am Freitagnachmittag zum Entwickeln des Projektes, evtl. bei Tee und Kuchen. Anfertigen erster Skizzen. Absprachen über die Materialbeschaffung.
- Sonnabendnachmittag zur Ausführung.
- Die nächste reguläre Stunde zum Aufstellen der Ausstellung und für die Erledigung von Restarbeiten.

MIT ERWACHSENEN

Das Thema »Erinnern und nicht vergessen« lädt besonders dazu ein, über den Konfirmandenunterricht hinaus in Gemeindekreisen, im Gemeindekirchenrat, mit haupt- und ehrenamtlichen Mitarbeiterinnen und Mitarbeitern erörtert zu werden. Der Einstieg ins Thema kann so erfolgen, wie oben für Konfirmandinnen und Konfirmanden vorgeschlagen, möglich ist aber auch, direkt mit der Erarbeitung der Folie »Eddy« zu beginnen, darauf von dem Konfirmandenprojekt zu erzählen und für Beteiligung zu werben.

Bei der Entwicklung eines »Erinnerungsprojektes« bietet es sich an, durch gemeinsame Arbeit an einem Thema die Verbindung von Konfirmanden- und Jugendarbeit zu intensivieren.

Aus der Erprobung

Zur Bilderwahl:
Die Konfirmandinnen und Konfirmanden haben Bilder mit folgenden Themen ausgesucht: Folterszene, eine alte Frau, hungernde Kinder, Karikatur zur Ausländerfrage, Umweltproblematiken, Blumen in der Einöde, eine alleingelassene Jugendliche, Soldaten, Contergankinder, vormilitärische Erziehung, Szene am Roulette, Sitzstreik, Liebe im Alter, Stonehenge, Tod und Leben, ein verlassenes Kind, behinderter Sportler.

Über die Ursachen des Vergessens:
- Es ist unangenehm.
- Man kann nicht immer an das Elend der ganzen Welt denken.
- Viele wollen mit solchen Gedanken nicht belästigt werden.
- Man muß sich selbst auch schützen.
- Es soll ein Schlußstrich gezogen werden.
- Manches darf man vergessen, anderes nicht.

Aus dem Gespräch über die Gemeinschaft der Heiligen:
- Das ist Gott, Jesus und der heilige Geist.
- Eine Art Bundestag im Himmel.
- Das ist Sache der katholischen Kirche.
- Der Papst ist heilig.
- Heilige pflegen z.B. Kranke in Indien.
- Heilige haben in ihrem Leben nur Gutes getan. / Nein, Heilige sind Menschen und dürfen auch Fehler machen. / Aber sie geben ihre Fehler zu.
- Heilige sind dazu da, uns zu erinnern. / Woran denn? / An alles, was wichtig ist zu tun.

Ergänzungen – Alternativen – Hinweise

Predigtbaustein für einen Gottesdienst
Im dritten Artikel des Glaubensbekenntnisses wird es langweilig für Konfirmandinnen und Konfirmanden. Da stehen die Sachen, die man nicht versteht. Gemeinschaft der Heiligen zum Beispiel. Fremd, trocken, fromm – wir nicht. Es nutzt auch nichts, viele Worte zu machen. Die bringen die Heiligen nicht näher, noch machen sie uns etwa – abenteuerliche Vorstellung – »heilig«. Es bleibt alles so abstrakt. Man muß es konkret machen. Die Heiligen haben selten nur auf Kirchenbänken gehockt. Viel eher haben sie draußen ihre Heiligkeit gezeigt. Dadurch, daß sie die Menschen z.B. zu allen Zeiten erinnert haben. Die Heiligen erinnern – durch ihr Tun, durch ihr Leben, durch ihre Unbeugsamkeit, durch ihr geduldiges Zeigen auf die Dinge, die auf keinen Fall vergessen werden dürfen.

Wir erweisen uns als Nachfolgerinnen und Nachfolger Christi, indem wir der Verführung des Vergessens widerstehen. In diesem Sinne würde es uns alle sehr »heilig« machen, wenn wir aus diesem Gottesdienst so einfache Dinge mitnähmen, wie etwa das:
Keine Berührungsängste mehr zu haben. Ein Mensch wie Eddy braucht Nähe, sonst nichts mehr. Ein HIV-Positiver braucht die Gemeinschaft der Lebenden nötiger als alles andere. Oder: Aus der Heimat kein Privateigentum zu machen. Im Reich Gottes sind wir alle Ausländer. Aber wir bekommen dort ein Wohnrecht. Da werden wir doch nicht zulassen, daß man bei uns mit Wohnrecht knausrig ist. Da werden wir uns doch im heiligen Zorn dagegen wehren.

Woher wir die Kraft dazu bekommen? Nicht von uns. Traditionell gesagt: vom Heiligen Geist. Augenfälliger aber durch alle, die mitmachen in der Gemeinschaft der Heiligen, hier und anderswo.

Literaturbaustein
»Unser Verhältnis zu Gott ... ist ein neues Leben im ›Dasein-für- andere‹, in der Teilnahme am Sein Jesu. Nicht die unendlichen, unerreichten Aufgaben, sondern der jeweils erreichbare Nächste ist das Transzendente ... Die Kirche ist nur Kirche, wenn sie für andere da ist ... Sie muß den Menschen aller Berufe sagen, was ein Leben mit Christus ist, was es heißt, ›für andere dazusein‹ ... Sie wird die Bedeutung des menschlichen ›Vorbildes‹ ... nicht unterschätzen dürfen; nicht durch Begriffe, sondern durch ›Vorbild‹ bekommt ihr Wort Nachdruck und Kraft.«[10]

---

10 Bonhoeffer, Widerstand und Ergebung, © Chr. Kaiser/Gütersloher Verlagshaus, Gütersloh, S. 414-416.

Der dritte Artikel

Geburtstagsfeier der Kirche

Unter den drei großen christlichen Festen führt das Pfingstfest eher ein Schattendasein. Vielen mögen zwar zwei weitere freie Tage im Jahr willkommen sein, aber der im christlichen Glauben begründete Sinn dieses Festes hat in diesen Tagen für sie wohl keine zentrale Bedeutung. Dabei wird gerade an diesem Fest daran gedacht, wie Menschen überaus begeistert waren, sozusagen Feuer und Flamme für die Sache Jesu Christi. Den Jüngern Jesu wurde ein neuer Geist geschenkt, so daß ihre von Angst und Trauer gekennzeichnete Lebenshaltung sich in Mut und Freude verwandelte. Dieser Geist bedeutete für die Jünger neue Lebenskraft, so daß sie begeistert ihre Glaubenserfahrung weitererzählten: Jesus lebt und wird auf neue Weise bei uns sein. Sie konnten danach viele Menschen überzeugen und zur ersten christlichen Gemeinde zusammenführen. Die Kirche war geboren.

Mit dem Pfingstfest feiern wir diesen Geburtstag der Kirche. Nun ist das begeisterte Erzählen von eigenen Glaubenserfahrungen heute nicht mehr jedermanns Sache. Aber den Geburtstag der Kirche können wir trotzdem feiern, in einem Gottesdienst, vielleicht etwas verhaltener als damals. Dabei können wir vor Gott unsere Probleme mit der Kirche aussprechen, ihm aber auch danken für das Gute, das wir in der Kirche erfahren haben, die Gemeinschaft, persönliche Begleitung und Freundschaft, Ermutigung und Trost.

EIN PFINGSTGOTTESDIENST

Absicht

Vor allem Jugendlichen im Konfirmandenalter wird die Bedeutung des Pfingstfestes kaum bewußt sein. Rein verbal und nur durch Unterricht wird ihnen diese Bedeutung auch nicht hinreichend erschlossen werden können. In einem Gottesdienst sollen sie sich selbst als Teil der Kirche erfahren und ihre Rückfragen an die Kirche zum Ausdruck bringen können. Andererseits müssen sie die kirchliche Gemeinschaft nicht völlig neu aufbauen; sie müssen nicht von vorne anfangen, und dies kann auch als Entlastung erfahren werden. Es ist schon eine Gemeinschaft da, die bereit ist, mich aufzunehmen. Bei aller Kritik ist das vielleicht auch für Konfirmandinnen und Konfirmanden ein Anlaß, den Geburtstag der Kirche zu feiern.

Material

- Papierbögen im Format 90 x 90 cm, die mit Wasserfarben bemalt werden können
- Pappe im gleichen Format, auf die die fertigen Bilder aufgezogen werden, so daß gewährleistet ist, daß sie für alle Gottesdienstbesucher gut sichtbar gezeigt werden können; Wasserfarben, Pinsel, Klebstoff; Tonpapier zum Herstellen kleiner Reihen von Papierpuppen, Scheren; Schreibpapier und Stifte.

Zeit

2 x 90 Minuten

Verlauf

Vorbereitung des Gottesdienstes

Der/die Unterrichtende fordert die Konfirmandinnen und Konfirmanden auf, Gedanken zu nennen, die sie mit dem Stichwort »Pfingsten« verbinden. Alle Assoziationen werden auf einer Tafel oder Wandzeitung festgehalten (mit Ausnahme der explizit falschen Bedeutungszuschreibungen). Zum Schluß fügt der/die Unterrichtende das Stichwort »Geburtstag der Kirche« hinzu und sollte diesen Schritt erläutern:

- An Pfingsten feiern die Christen den Geburtstag ihrer Kirche. Wie die Kirche geboren wurde, wird uns in der Bibel in einer Geschichte erzählt.

Die Pfingstgeschichte wird gelesen:
- Was ist mit den Jüngern geschehen?
- Welche zentrale Botschaft haben sie weitergesagt?
- Weshalb ist es ihnen gelungen, so viele Menschen zusammenzuführen?
- Glaubt ihr, daß in der Kirche heute noch Menschen in dieser Weise begeistert werden können?

36 | Der dritte Artikel | Geburtstagsfeier der Kirche

▼ Abschließend wird der Text »Denk mal nach ...«, S. 119, gelesen und kommentiert. Der/die Unterrichtende teilt der Gruppe mit, daß er/sie mit ihr einen Gottesdienst vorbereiten möchte, in dem der Geburtstag der Kirche gefeiert wird. Die Konfirmandinnen und Konfirmanden sollten genug Spielraum erhalten, um ihre eigenen Wünsche hinsichtlich dieser Feier zu äußern und zu realisieren. Hier werden einige Elemente genannt, die in Kleingruppen vorbereitet werden können:

GRUPPE A
Die Pfingstgeschichte wird in einzelne Sinnabschnitte eingeteilt. Zu jedem Abschnitt wird mit Wasserfarben ein großes Bild gemalt und auf Pappe aufgezogen.

GRUPPE B
Die Mitglieder der Gruppe notieren zunächst einzeln ihre Gedanken zu den Gesichtspunkten:
- Was mich an der Kirche ärgert
- Was mir an der Kirche gefällt
- Was ich der Kirche zum Geburtstag wünsche

Die Gedanken werden zu einem Eingangsgebet und zu einem Fürbittengebet zusammengefaßt.

GRUPPE C
Aus dem Tonpapier werden kleinere Reihen von Papierpüppchen geschnitten und in das Gottesdienstprogramm eingelegt.
Während des Gottesdienstes werden diese Reihen von den Besuchern beschriftet mit Gedanken zum Thema:
- Wir wünschen der Kirche zum Geburtstag ...

Von den Konfirmandinnen und Konfirmanden werden dann Klebestreifen verteilt, so daß die bunten Püppchen zu einer langen »Menschenkette« zusammengeklebt werden können. Die Kette wird durch einfaches Befestigen an den Wänden quer im Altarraum aufgehängt.

GRUPPE D
Die Gruppe gestaltet das Gottesdienstprogramm und muß sich dabei auch ein Motiv für das Deckblatt überlegen.

▼ **Gottesdienst als Geburtstagsfeier der Kirche**
Verlauf des Gottesdienstes
- Begrüßung und Vorstellung des Themas »Geburtstag der Kirche«

- **Eingangslied**

Ba ni ngye-ti Ba Ya-we, ba ni ngye-ti Ba Ya-we,
Preisen laßt uns Gott, den Herrn, preisen laßt uns Gott, den Herrn,
ba ni ngye-ti Ba Ya-we, A-men. Hal-le-lu-jah,
Preisen laßt uns Gott, den Herrn, A-men. Hal-le-lu-jah,
Hal-le-lu-jah, Hal-le-lu-jah, A-men.
Hal-le-lu-jah, Hal-le-lu-jah, A-men.

Text und Melodie aus Kamerun
deutsch: Irmhild Lyanga / Dieter Trautwein, französisch: Bayiga Bayiga,
spanisch und englisch: Pablo Sosa
© Strube Verlag München-Berlin

- **Eingangswort:** Wir feiern diesen Gottesdienst im Namen des Vaters und des Sohnes und des heiligen Geistes. Amen

Unsere Hilfe kommt von Gott, der Himmel und Erde gemacht hat. Gott ist treu, er hält Wort, er gibt nicht auf, was er geschaffen hat.

- **Gebet:**
Ich lobe dich, Gott,
weil du das Gute und Wahre überall herausfindest,
weil du uns hilfst, Mut zu haben, nicht in der Masse zu leben,
sondern unseren, deinen, den richtigen Weg zu gehen;
weil du Schritt für Schritt hilfst, Gerechtigkeit zu verwirklichen;
weil du mit uns versuchst, die Welt nach deinen Vorstellungen zu verändern,
aber auch uns selbst zu verändern:

- ...(Gedanken der Gruppe B, von Konfirmandinnen und Konfirmanden vorgetragen)...

- Weil du uns immer wieder Hoffnung und Kaft zum wirklichen Leben gibst,
darum lobe ich dich, mein Gott. Amen

- **Gemeinde:**
Herr, erbarme dich ...

- **Zusage** (von einem Konfirmanden/einer Konfirmandin vorgetragen):
»*Gott ist Geist, heiliger Geist. Er war vor den Kirchen. Er wird nach ihnen sein. Er wirkt in ihnen und über sie hinaus.*

▼

▼ *Er schafft die eine Kirche mit und aus vielen Kirchen. Kirche ist nicht nur eine Organisation, sondern Gemeinschaft der Menschen, die Jesus nachfolgen wollen. Sie entsteht dort, wo sich Menschen in Jesu Namen versammeln, bewegt von ihm denken, reden und handeln.«* (Denk mal nach ..., S. 119)

■ **Lied:**

1. Wind kannst du nicht sehen, ihn spürt nur das Ohr
   flüstern oder brausen wie ein mächt-ger Chor.
1. Vinden ser vi inte, men dess röst vi hör
   viskar eller brusa som en mäktig kör.

2. Geist kannst du nicht sehen; / doch hör, wie er spricht / tief im Herzen Worte voller Trost und Licht.
3. Wind kannst du nicht sehen, / aber, was er tut: / Felder wogen, Wellen wandern in der Flut.
4. Geist kannst du nicht sehen, / doch, wo er will sein, / weicht die Angst und strömt die Freude mächtig ein.
5. Hergesandt aus Welten, / die noch niemand sah, / kommt der Geist zu uns, und Gott ist selber da.

Text: Markus Jenny (1983) 1991 nach dem schwedischen *Vinden ser vi inte* von Anders Frosenseon 1958 73
Melodie: Erhard Wikfeldt 1958

■ **Lesung:** Apostelgeschichte 2, 1-16, 22-24, 37-42
Dazu werden die Bilder der Gruppe A gezeigt

■ **Predigt oder Meditation**

■ **Lied:**

Ihr werdet die Kraft des Heiligen Geistes, des Heiligen Geistes empfangen

im Kanon:
1. und werdet meine Zeugen sein,
2. und werdet meine Zeugen sein, meine Zeugen, meine Zeugen sein.
3. Ihr werdet die Kraft des Heiligen Geistes, des Heiligen Geistes empfangen.

Text: Apg 1,8
Melodie und Kanon für 3 Stimmen (nach Nr. 131): Paul Ernst Ruppel 1964

▼ ■ **Aktion:**
Wir wünschen der Kirche zum Geburtstag ...
Beschriften der Papierpuppen, zusammenkleben
Die Stichworte auf den Puppen werden von Konfirmanden vorgelesen und die gesamte Kette aufgehängt.

■ **Lied:**

Kanon
1. Viele kleine Leute an
2. vielen kleinen Orten, die
3. viele kleine Schritte tun,
4. können das Gesicht der Welt verändern.

Text: nach einem afrikanischen Sprichwort
Musik: Detlev Jöcker
Aus: Buch, CD und MC »Viele kleine Leute«
Rechte: Menschenkinder Verlag, 48157 Münster

■ **Konfirmand/Konfirmandin:**
»*Kirche ist für die Menschen da, so wie Jesus für uns und nicht für sich selber gelebt hat. Sein Wort, seine Sakramente und seine Menschenliebe sind die Erkennungszeichen der Kirche. Herr der Kirche ist Jesus Christus. Außer ihm gibt es in ihr keine Herren.*« (Denk mal nach ..., S. 119)

■ **Konfirmand/Konfirmandin:**
»*Mit Recht sagen wir: Kirche – das sind wir selbst. Für ihr Gesicht und ihre Gestalt, für ihr Reden und ihr Handeln, für ihre Treue und ihr Versagen sind wir mitverantwortlich.*« (Denk mal nach ..., S.119)

■ **Fürbittengebet:**
Guter Gott, das Vertrauen auf dich kann für unsere Gemeinde und die gesamte Kirche eine Klammer sein, die uns zusammenhält. Wir möchten auch zusammenwachsen und zusammenhalten. Aber es ist nicht immer leicht. Deshalb haben wir viele Wünsche für uns selbst und für andere. Wir wollen sie vor dir aussprechen:

■ **... (Gedanken der Gruppe B, von Konfirmandinnen und Konfirmanden vorgetragen) ...**

Guter Gott, all das wünschen wir uns. Wir wissen, daß du kein Zauberer bist, der uns einfach alle Wünsche erfüllt. Aber wir wissen, daß du uns hörst und bei uns bist. Das tut uns gut. Amen

▼ ■ **Vaterunser**

38 | Der dritte Artikel | Geburtstagsfeier der Kirche

▼■ **Konfirmand/Konfirmandin:**
»Gott ist Geist, Geist der Liebe. Er wird siegen. Denn wer die meiste Liebe hat, soll siegen.« (Denk mal nach ..., S. 119)

■ **Segen:**
Gott, du bist hinter uns und behütest uns,
vor uns und leitest uns,
in uns und erfüllest uns,
neben uns und begleitest uns,
über uns und segnest uns,
unter uns und trägst uns,
zwischen uns und verbindest uns. Amen

■ **Schlußlied:**

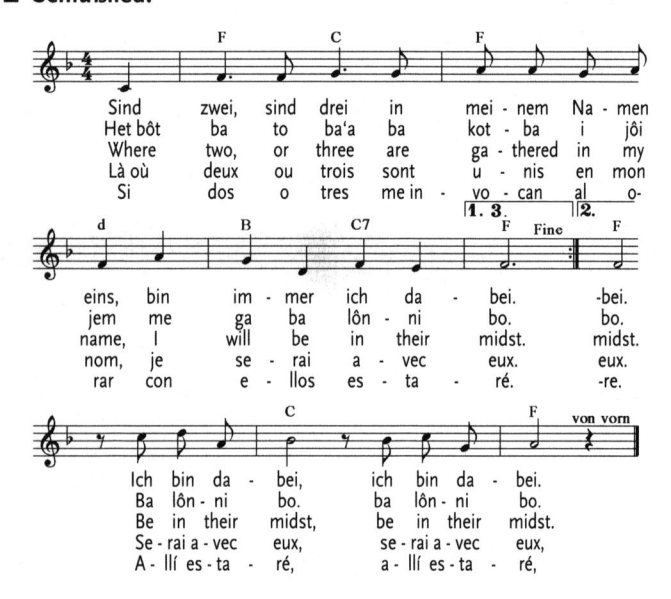

[Noten]

Sind	zwei,	sind	drei	in	mei-	nem	Na-	men
Het	bôt	ba	to	ba'a	ba	kot-	ba	i	jôi
Where	two,	or	three	are	ga-	thered	in	my
Là où	deux	ou	trois	sont	u-	nis	en	mon
Si	dos	o	tres	me	in-	vo-	can	al	o-

eins, bin im - mer ich da - bei. / -bei.
jem me ga ba lôn - ni bo. / bo.
name, I will be in their midst. / midst.
nom, je se - rai a - vec eux. / eux.
rar con e - llos es - ta - ré. / -re.

Ich bin da - bei, ich bin da - bei,
Ba lôn - ni bo, ba lôn - ni bo.
Be in their midst, be in their midst.
Se - rai a - vec eux, se - rai a - vec eux,
A - llí es - ta - ré, a - llí es - ta - ré,

Text: Matthäus 18,20 arr. Bayiga Bayiga
Melodie: Bayiga Bayiga, Kamerun
deutsche Übersetzung: Dieter Trauwein
© Strube Verlag München-Berlin

■ Nach dem Gottesdienst sollte die Konfirmandengruppe alle Gottesdienstbesucher zu Kaffe, Tee, Obst und Kuchen ins Gemeindehaus einladen. Auf diese Weise kann der Geburtstag der Kirche auch sinnlich erfahrbar gefeiert werden. Es müßte allerdings sichergestellt werden, daß die Konfirmandinnen und Konfirmanden Kuchen backen und mitbringen.

Geburtstagsfeier der Kirche | **Der dritte Artikel** | **M1** | Handbild | **Arbeitsmaterialien** | 39

Marc Chagall
Gott erschafft den Menschen, 1956, © VG Bild-Kunst, Bonn 1997

KU zu den 5 Hauptstücken des Kleinen Katechismus

Gütersloher Verlagshaus